MUITO ALÉM DO
passado
NOVA EDIÇÃO

© 2019 por Valéria Schmitt
© iStock.com/D-Keine
© iStock.com/Joegolby

Coordenadora editorial: Tânia Lins
Coordenador de comunicação: Marcio Lipari
Capa e projeto gráfico: Equipe Vida & Consciência
Preparação: Janaina Calaça
Revisão: Equipe Vida & Consciência

2ª edição — 1ª impressão
1.500 exemplares — julho 2019
Tiragem total: 1.500 exemplares

**CIP-BRASIL — CATALOGAÇÃO NA PUBLICAÇÃO
(SINDICATO NACIONAL DOS EDITORES DE LIVROS, RJ)**

S38m
    Schmitt, Valéria
       Muito além do passado / Valéria Schmitt. - 2. ed. - São Paulo : Vida & Consciência, 2019.
       192 p. ; 23 cm.

    ISBN 978-85-7722-597-2

    1. Romance brasileiro. I. Título.

19-57187   CDD: 869.3
                           CDU: 82-31(81)

Todos os direitos reservados. Nenhuma parte desta edição pode ser utilizada ou reproduzida, por qualquer forma ou meio, seja ele mecânico ou eletrônico, fotocópia, gravação etc., tampouco apropriada ou estocada em sistema de banco de dados, sem a expressa autorização da editora (Lei nº 5.988, de 14/12/1973).

Este livro adota as regras do novo acordo ortográfico (2009).

Vida & Consciência Editora e Distribuidora Ltda.
Rua Agostinho Gomes, 2.312 — São Paulo — SP — Brasil
CEP 04206-001
editora@vidaeconsciencia.com.br
www.vidaeconsciencia.com.br

MUITO ALÉM DO
passado
NOVA EDIÇÃO

VALÉRIA SCHMITT

Romance inspirado por Delmar Schmitt

Apresentação

Queridos leitores, gostaria de convidá-los a fazer uma viagem no tempo. A visitar o século XVIII e conhecer Catherine e Bernard, a conhecer suas famílias e seus amigos e também sofrer com eles.

Catherine e Bernard são personagens fictícios, que se misturam com personagens históricos. Devo confessar-lhes que, para contar esta história, ainda que situada no século XVIII, fui obrigada a alterar o nome dos personagens históricos para que o relato fosse fidedigno e não expusesse ninguém.

Quando a história deu um salto no tempo e veio para o século XXI, alterei não somente o nome dos personagens, como também suas profissões e o estado do Brasil onde vivem, sob pena de serem facilmente reconhecidos. Isso foi necessário para preservar a identidade de todos, pois alguns ainda estão entre nós e são conhecidos.

Os fatos foram fielmente relatados em detalhes: a dor da perda, o choro, a alegria de um nascimento, a saudade, o sentimento de confusão. Todas essas emoções foram reais e vividas por pessoas reais.

Leiam a história e mergulhem nesse mundo que mistura ficção e fantasia, lembrando-se, contudo, de que esses personagens tiveram a identidade preservada.
Aproveitem!

Valéria Schmitt

Primeira parte

CAPÍTULO 1

França, 1747.

Luís XV reinava absoluto, e em todas as classes sociais da Europa falava-se sobre a corte de Versailles: luxo, ostentação, luxúria, tudo isso fazia parte dos mexericos sobre o palácio. Voltaire, Diderot e outros pensadores *philosophes* da época pregavam o racionalismo e a tolerância liberal, enquanto o intercâmbio econômico impulsionava a diversidade cultural.

Em Toulouse, no sul da França, região do Languedoc, vivia o barão D'Auvernay, cujo imenso castelo era cercado por belíssimos e verdes campos salpicados de flores. Catherine, única filha do barão, amava andar por horas a fio naquele cenário idílico. Caminhava incansavelmente todos os dias, voltando ao castelo com os braços cheios de flores. Numa manhã em que o sol estava particularmente convidativo, ela saiu cedo do castelo, pois queria encontrar as flores ainda orvalhadas para um ramalhete. Os longos cabelos loiros, presos apenas por uma fita cor-de-rosa, caíam como uma cascata por suas espáduas. As faces, naturalmente coradas, estavam ainda mais coloridas por causa do ar livre da manhã. Ela queria um buquê bem grande e de cores bem variadas para a mesa do salão de jantar e desejava ainda que sobrassem algumas flores para fazer uma guirlanda e enfeitar seus cabelos.

No meio do caminho, ao se virar para observar um coelho que corria, ela viu uma flor de um vermelho tão intenso que a fez parar para admirar a beleza oferecida pela natureza. A flor ela não poderia de forma nenhuma apanhar. Não. Deixaria esse belíssimo exemplar enfeitando o campo. Vários minutos passaram-se até que ela saísse do seu enlevo e, para sua surpresa, a poucos metros de si, estava o mais belo homem que seus olhos já haviam visto. Assustada, Catherine deixou cair no chão as flores que segurava e quis sair correndo, o coração batendo a galope dentro do peito.

— Não fuja! — O desconhecido tinha uma voz profunda. — A senhora deixou cair suas flores!

Ele abaixou-se e juntou as flores novamente num ramalhete, entregando-as à jovem, que permanecera estática. Como ela não fizera nenhum movimento para pegá-las, ele continuou:

— Não se assuste. Nenhum mal farei à senhora. Aqui estão suas flores.

— Não costumo falar com estranhos — ela respondeu, querendo parecer ríspida, mas contradizendo suas palavras com a candura do rosto. O estranho provocara dentro de si um sentimento desconhecido que a assustava, fazendo seu coração bater em descompasso.

— Se assim é, eu me apresentarei. Sou Bernard, filho do Marquês de Montserrat. Às suas ordens, senhora!

— E fez uma mesura tirando o chapéu e inclinando-se

quase até o chão, oferecendo-lhe novamente as flores que, desta vez, ela pegou calada.

Alguma coisa no coração de Catherine lhe dizia que ela poderia confiar naquele estranho. Parecia-lhe que o conhecia desde sempre! Como poderia, no entanto, conhecê-lo sem nunca tê-lo visto?

— Continuo sem saber seu nome, nobre senhora. Acaso não queria me contar? — O sorriso de Bernard era tão lindo! Ele sorria não somente com a boca, mas com os olhos de um azul inexplicável.

— Sou Catherine, filha do barão D'Auvernay — disse apressadamente, embora sem mais nenhuma sombra de medo. Esquisito esse sentimento de intimidade para com um completo estranho.

— Oh! Estou diante da senhora, cuja beleza é comentada até na corte! Muito prazer em conhecê-la!

Catherine enrubesceu ao ouvir o elogio. Sabia que era bonita, mas conhecera rapazes apenas nos salões do castelo, em algumas ocasiões festivas e sob o olhar vigilante do pai, e nenhum deles fora ousado o bastante para falar-lhe daquela maneira.

— Preciso ir — balbuciou. — Já se faz tarde, e devem estar à minha procura.

— Permita-me acompanhá-la, senhora.

— Acaso estaria o senhor louco? Não devo ser vista ao lado de um desconhecido! Por certo não será de bom-tom!

— Então, prometa-me que a verei outra vez! — Bernard estava ansioso.

— Não! — ela gritou enquanto corria. — Talvez! — Dessa vez, correu mais. — Sim! — gritou de longe!

Bernard ficou parado até que a figura de Catherine ficasse bem pequenina no fim do campo. Ele, então, reteve nas mãos uma das flores caídas do ramalhete e aspirou seu perfume. Nunca, em toda a sua vida, sentira o que estava sentindo agora. Conhecera várias mulheres, mas não se interessara seriamente por nenhuma delas, razão pela qual deixava para seu irmão o cargo de ser o primeiro filho do Marquês de Montserrat a dar continuidade ao nobre sangue de sua família. Várias famílias se sentiriam honradas em unirem-se à sua, de antiquíssima nobreza, pois seus pais eram frequentadores assíduos de Versailles, onde, como marqueses, ocupavam posição de destaque na corte.

Bernard, ao contrário dos pais e do irmão, gostava do campo, da vida ao ar livre e fugia da corte, abrigando-se de vez em quando no castelo de propriedade da família no Languedoc, bem longe dos mexericos de Versailles. O rapaz dava longas voltas pelos campos com Zeus, seu puro-sangue negro. Profundo admirador da cultura greco-romana, deu ao seu mais querido cavalo o nome de seu principal deus.

Era um rapaz adorável, tratava seus servos com humanidade e justiça, e, por isso, tinha deles lealdade absoluta. Naquela manhã, ele fora um pouco mais longe que o habitual em sua cavalgada e, estando ele e o cavalo cansados e com sede, Bernard deixou Zeus debaixo de uma árvore e, em seguida, foi procurar água.

Foi nesse exato momento que ele viu Catherine com as mãos cheias de flores, com se fosse uma delas. Seria uma ninfa? Ou seria a própria Afrodite, que descera do Olimpo para enfeitiçá-lo com sua beleza?

Sem se preocupar com protocolos, Bernard foi se aproximando devagar, querendo que aquele momento jamais tivesse fim.

11

Quando Catherine notou a presença do rapaz e o olhou assustada, ele encantou-se com aqueles olhos de uma cor inexplicavelmente linda, meio esverdeados, meio cor de mel, mais precisamente cor de "folha de outono". As faces acetinadas da moça estavam adoravelmente coradas, a boca bem formada parecia esperar um beijo e os cabelos, loiros e desalinhados pelo vento, superavam em beleza qualquer cabeça bem penteada da corte.

Enquanto tinha essa visão, o que ele não conseguia entender era o que se passava dentro de si. Ele já a conhecia! Podia senti-lo! Experimentava uma sensação indescritível de intimidade, de quem estava reencontrando alguém perdido há muito! Sim! Era isso! Ele sentia a felicidade de um reencontro! Mas como, se não se lembrava de ter conhecido alguém de semelhante beleza? Se a tivesse visto antes, por certo se lembraria dela, pois Catherine não era visão que alguém pudesse se dar o luxo de esquecer. Catherine nunca fora à corte, embora sua estonteante beleza, ainda sem a mácula das pesadas maquiagens usadas pelas grandes damas de Versailles, fosse comentada por todos os cavalheiros, fossem eles senhores de bem ou não.

Ela despertava em Bernard uma sensação desconhecida. Parecia que o rapaz estivera esperando por ela durante toda a sua vida! Bernard notava em si um sentimento que, ao mesmo tempo em que lhe era desconhecido, estava, naquele momento, sendo reconhecido como um amor antigo, já existente em sua alma, trancado em algum lugar por uma misteriosa chave que somente Catherine possuía, pois, assim que a viu, tal sentimento preencheu seu coração como se nunca houvesse deixado de estar lá.

Ele precisava vê-la novamente! O que foi que ela respondeu? Não... Talvez... E, quando já estava muito longe, teria gritado um "sim"? Ou será que seus ouvidos ouviram o que seu coração queria escutar? Será que ele jamais voltaria a vê-la?

Ainda segurando a flor que caíra do ramalhete de Catherine, Bernard foi à procura de Zeus e voltou lentamente para seu castelo, esquecido da sede ou de qualquer outra coisa que não fosse a moça. Aquela visão não lhe saía da mente! E a sensação de que Catherine era sua há muito? Deus, o que estava acontecendo? Será que enlouquecera? Nunca uma mulher despertara aquele sentimento tresloucado em seu coração!

Ao chegar ao castelo, Bernard recusou o almoço, deixando Bertrand, seu criado pessoal, preocupado, pois jamais vira seu senhor tão taciturno. Ele mal o olhara ao dizer que não tinha fome. O resto da criadagem também se preocupou:

— Será que o senhor está doente? Pareceu tão bem quando saiu pela manhã!

Bertrand era um moço bem apessoado, de olhar sincero, tez morena, que contrastava com os belos olhos verdes do rapaz. A mãe do criado servia aos marqueses desde que ele era apenas um bebê, e ele crescera com Bernard, o que o tornou, além de seu criado pessoal, um amigo.

Bertrand saiu dos aposentos de Bernard fechando a porta de mansinho, mas não sem antes dar uma olhada para a cama onde ele, com uma flor entre os dedos, parecia em transe.

***

Já no pátio do castelo do barão D'Auvernay, a gorda ama veio correndo ao encontro de Catherine:

— Onde estava, menina? Por que demorou tanto? Que lindas flores! São para a mesa do grande salão? Está calada! Aconteceu alguma coisa? Entre! O almoço foi servido há tempos, e seu pai está impaciente. Já não sabemos mais o que dizer para justificar sua demora. Entre por aqui. — A ama guiou-a por uma escada secreta que dava direto aos aposentos do andar superior. — Desça as escadas como se viesse de seus aposentos. Diga que dormiu, está bem?

Quando Catherine chegou ao salão onde seus pais estavam esperando-a, o barão repreendeu-a amavelmente:

— Acaso se esqueceu de seus deveres neste castelo, mocinha? Atrasar-se para uma refeição é quase tão imperdoável quanto desobedecer aos seus pais. Onde estava? O que acontecerá quando for a senhora de seu castelo? Chegará atrasada às refeições?

— Perdoe-me, papai. Fui ao campo logo cedo colher algumas flores e, ao voltar, senti-me muito cansada. Adormeci e não vi o tempo passar.

— Sente-se e coma, menina — disse o barão, enquanto mordia uma asa de peru. — E que isso não aconteça mais, pois deverá aprender seus deveres de castelã. Já estou lhe escolhendo um marido. Não deve se apresentar mal diante das pessoas.

Imediatamente, Catherine lembrou-se de Bernard e, enrubescida, perguntou ao pai:

— Mas me casar já, tão cedo? Não tenho certeza se quero desposar alguém agora!

O rubor de Catherine não passou despercebido à baronesa, que retrucou:

— Minha filha, na sua idade, eu já era mãe! Seu pai está recebendo muitas propostas e escolherá a que for melhor para você e para nossa família. A união de duas famílias pelo casamento deve favorecer a ambas, pois, quanto mais unirmos nossas fortunas, menos perderemos.

— Não gostaria de me casar sem amor! — Catherine respondeu, pensando em Bernard. "Será que ele está entre os pretendentes?".

— Seu futuro e sua felicidade quem decide sou eu, Catherine. Não me venha com essa ideia de querer se casar por amor. Isso é para os plebeus que nada têm a ganhar e perder. Simplesmente se apaixonam e vêm até minha presença pedir permissão para a união — respondeu o barão um pouco impaciente.

— Gostaria de ser plebeia... — Catherine, sonhadora, não percebeu que pensara em voz alta.

A mãe da jovem, contudo, percebeu e preocupou-se seriamente, afinal, antes de descer para o almoço, ela passara nos aposentos da filha e tinha certeza de que dormindo Catherine não estava!

"O que terá acontecido com minha filha? Catherine sempre foi tão cordata e agora se mostra repentinamente rebelde! Por que está mentindo?", pensava a preocupada baronesa.

Catherine comeu pouco e logo pediu licença para se levantar, alegando ainda não estar se sentindo bem. A moça não gostava de saber que estavam planejando seu casamento. Nunca pensara nisso antes, até achava normal que fosse assim, mas agora havia Bernard e seu olhar doce. E, como se não bastasse, havia aquela sensação de que o conhecia desde sempre.

Ao chegar aos seus aposentos, Catherine deitou-se, ficou olhando para o além e pensando em Bernard.

Ele dissera que queria vê-la novamente, e isso lhe dera uma incrível alegria, mas, por outro lado, seria conveniente? Um encontro a sós com um desconhecido? Bernard, contudo, não era desconhecido. Ela *sentia* que o conhecia havia anos! Mas como? De onde o conhecia? Parecia pertencer a ele desde sempre! Sentia que poderia confiar nele. Seria isso amor? Se fosse, era um sentimento adorável! Sentia-se viva, vibrando por dentro! Sim! Iria revê-lo na manhã seguinte.

— O que está pensando com esse olhar tão distante e esse sorriso nos lábios, minha filha?

Catherine assustou-se, pois não percebera sua mãe chegar.

— Ora, mamãe, o dia está tão lindo! É impossível não sorrir!

— De fato, você sempre foi muito sorridente, mas hoje me parece diferente. Além disso, sei que não estava dormindo, porque passei pelo seu quarto antes de descer para o almoço. Está mentindo, Catherine?

Envergonhada, Catherine baixou os olhos, enquanto respondia:

— Perdoe-me, mamãe. Atrasei-me ao buscar as flores, porque hoje elas estavam especialmente lindas, o que me fizeram distanciar-me mais do que o costume. Além disso, não quis preocupar papai. A senhora sabe que não tenho o hábito de mentir!

— Não *tinha* o hábito de mentir — respondeu a mãe com severidade. — E, pelo que vejo, o está adquirindo. Ainda penso que hoje lhe aconteceu algo, pois chegou atrasada, rebelou-se contra a ideia de um casamento escolhido por seu pai, mentiu e há alguns minutos estava com um sorriso enlevado e um olhar tão distante que não se apercebeu de minha chegada

— pensativa, a baronesa continuou: — Seu pai a mimou demais, deixou-a viver solta neste castelo. Agora está colhendo os frutos do que plantou.

Definitivamente, a baronesa estava desconfiada, e Catherine não podia permitir que a mãe desconfiasse de algo sobre Bernard. Se o pai da moça era facilmente envolvido por seus beijos e abraços, e facilmente convencido de qualquer coisa que ela quisesse, o mesmo não acontecia em relação à baronesa.

Devido a isso, Catherine tratou logo de pegar um bordado e disse alegremente:

— Não se preocupe, mamãe. Nada aconteceu. Já que papai quer casar-me logo, continuarei este bordado que não faço há tempos e o terminarei rapidamente para levar à minha nova morada! Tranquilize-se, mãezinha.

A baronesa saiu dos aposentos da filha pensando: "Tranquilize-se, mãezinha! Agora mais do que nunca tenho que observar o comportamento de Catherine. Conheço aquele olhar, aquele sorriso. Eram os mesmos que eu tinha quando pensava em... não! Nunca mais pronunciarei esse nome novamente!".

A baronesa torceu seu lencinho entre as mãos com tanta força que quase rasgou a fina cambraia. Havia anos não se lembrava daquele nome e daquele sentimento que estava enterrado para sempre e que jamais poderia ser recordado. Teria que manter os olhos fixos em sua filha agora, antes que fosse tarde demais.

— Acho que *já* é tarde demais! — pensou a baronesa em voz alta. — Minha filha já está apaixonada, e preciso descobrir por quem! Tenho de tirar esse homem do caminho de Catherine antes que aconteça uma tragédia igual a... — a baronesa parou, tristemente pensativa.

Recuperando-se a custo, ela foi à procura do marido e encontrou-o à janela olhando ao longe os campos e bebericando um licor.

"Meu marido também é um sonhador! Devo me considerar deveras feliz, porque, mesmo andando nas nuvens, soube administrar a fortuna de sua família. Além disso, é um cavalheiro e trata-me muito bem. Nisso meu pai acertou. Espero que o barão acerte com nossa filha também."

— Senhor meu marido, preciso falar-lhe com urgência!

Saindo de seus pensamentos, o barão olhou para a esposa com carinho. Nutria por ela uma grande afeição, amava-a. Sabia, entretanto, que não era correspondido e nem lhe exigia isso. A baronesa era uma mulher devotada ao marido e cumpria fiel e zelosamente seu papel de esposa e mãe. Além disso, tinha lhe dado por filha a criatura mais doce do mundo, por quem ele daria a vida!

O barão ainda se recordava da primeira vez em que viu a esposa no castelo onde vivia, uma belíssima e enorme propriedade nos arredores de Paris. Tendo sempre morado em Toulouse e estando de passagem por Paris, ele fora convidado a participar de um jantar no castelo do Marquês de Savignon, pai de Hélène, hoje a baronesa, sua esposa. Assim que a viu, com os olhos abaixados, parecendo muito recatada, quase à sombra como se não quisesse ser vista, o barão apaixonou-se perdidamente por ela e pediu-lhe a mão naquela mesma noite.

O marquês pareceu ficar constrangido com a proposta do barão, que ficou preocupado, pensando que talvez a jovem fosse comprometida. Ele, contudo, não via ao lado da moça nenhum senhor, ao contrário. Hélène parecia sempre querer afastar-se, como se procurasse se esconder.

Ainda constrangido, o marquês explicou ao barão que não poderia conceder a mão de sua filha à tão nobre cortesão, pois, embora ela tivesse um grande dote, estava desonrada, perdida e logo seria enviada a um convento, onde ficaria enclausurada, e a família, livre da vergonha. Assim começando, o marquês contou-lhe a triste história de Hélène.

Mesmo depois de tomar conhecimento de toda a história da moça, o barão, perdidamente apaixonado, não a julgou e ainda propôs casar-se com ela, se fosse, naturalmente, de seu agrado. Prometeu também lhe dar seu nome, sua proteção, além de devolver-lhe a honra. Assim, o casamento foi realizado, e Hélène tornou-se a baronesa d'Auvernay, em Toulouse, no sul da França.

Ainda imerso em suas recordações, o barão perguntou à esposa:

— O que a traz tão ansiosa à minha procura, senhora? Acaso algo lhe aborrece?

— Não! Digo, sim! — A baronesa parecia transtornada. — Algo me aborrece profundamente há algum tempo! São esses passeios matinais de Catherine. Não me agrada vê-la sozinha por esses campos com se fosse uma camponesa! Ela logo será uma castelã e deverá parar com esses hábitos, se não quiser perder um bom casamento e ter seus filhos, senhor meu marido!

O barão riu à solta com as preocupações da esposa:

— Se é apenas isso que a aflige, senhora, não creio que haja com o que se preocupar. Somos ricos, de nobre linhagem, e Catherine tem um bom dote. Poderemos escolher o melhor cavalheiro da corte para nossa filha com tempo e cuidado para que ela possa se sentir bem e ser respeitada por seu marido quando se casar. Tranquilize-se, senhora baronesa.

Vendo que nada conseguiria com o marido, a baronesa pediu-lhe licença e retirou-se para seus aposentos. Precisava pensar. Teria que seguir Catherine, mas como? Era a senhora do castelo, e sua presença era frequentemente solicitada para resolução de todos os assuntos domésticos! Não poderia ausentar-se por muito tempo sem ser notada. O que faria, então?! A ama! Sim! A velha ama que cuidara de Catherine e que tinha por ela um amor de mãe seria a pessoa perfeita para segui-la.

Hélène chamou a ama e explicou-lhe o que queria:

— Quero que, a partir de amanhã, siga Catherine como uma sombra. Não permita que ela perceba sua presença. Quero que me relate tudo que vir, mesmo que não considere relevante. Isso é tudo!

A gorda ama apenas ouviu calada e, inclinando-se, saiu pensativa: "O que será que a baronesa quer com minha menina? Essa menina é um anjo! Não é possível que esteja fazendo algum malfeito". Aquilo não lhe parecia correto, mas ordens eram ordens, e, assim, preparou-se para seguir Catherine na manhã seguinte.

CAPÍTULO 2

A baronesa Hélène não conseguia tirar da cabeça aquela lembrança enterrada há anos. Por que Catherine fizera tudo aquilo voltar? O rosto moreno de Bertrand, seu amado cavalariço, com o queixo forte e o nariz bem-feito compondo um belo conjunto com profundos olhos negros, vinha-lhe à mente sem que ela quisesse. Foi assim que, há muitos anos, ela viu pela primeira vez o novo cavalariço do castelo de seu pai, trazendo-lhe a égua Corinna para sua cavalgada matinal.

Ele ajudou-a a subir no estribo e olhou-a tão intensamente que ela se sentiu levemente tonta. Logo depois, o belo homem afastou-se, pedindo licença com uma mesura.

Por alguns segundos, Hélène esqueceu-se de que estava sobre um animal e ficou parada, olhando-o afastar-se. Somente quando Corinna começou a ficar impaciente, ela se deu conta de que estava imóvel e saiu galopando campo afora.

Ao retornar do passeio, Hélène olhou em volta procurando o belo jovem. Os cabelos negros da moça estavam em desalinho por baixo do chapeuzinho de amazona e seus olhos verdes brilhavam com a possibilidade de encontrar novamente aquele que ocupara seus pensamentos nas últimas duas horas.

Quando ele se aproximou e ajudou-a a descer, Hélène, num impulso de coragem, perguntou:

— Qual é seu nome?

— Bertrand, senhora — ele respondeu sem olhá-la.

— Não sabia que papai tinha um novo cavalariço. O velho Jean Paul já não deve estar conseguindo cumprir suas tarefas. O pobre tinha muita dor nos ossos.

O jovem, ainda olhando para baixo, não respondeu.

— Pode olhar para mim. Acaso minha aparência o desagrada?

— Não, de forma alguma, senhora!

— Então pare de me chamar de senhora! — Hélène surpreendia-se com sua ousadia. — Gosto de cavalgar todos os dias e nos veremos sempre. Apenas me chame dessa maneira quando estiver na frente de outras pessoas, pois poderá parecer-lhes estranho. Aqui, serei apenas Hélène, sua amiga.

— Sim, senhora. Desculpe! Sim, Hélène.

Quando ela se foi, Bertrand ficou um longo tempo olhando para o chão. A razão dizia-lhe para ficar longe de Hélène, mas uma chama diferente começava a acender dentro de si. Sabia que jamais teriam qualquer chance juntos, então, por quê sonhar?

Na manhã seguinte, Hélène chegou sorrindo amavelmente:

— Bertrand! Está um lindo dia, não acha?

— Senhora Hélène, está mesmo uma linda manhã.

A moça fingiu que se zangara e fez um beicinho de amuo, choramingando:

— Já disse que não quero que me chame de senhora Hélène.

— Desculpe-me! Não foi por mal, é somente um hábito antigo.

— Ótimo! Vá buscar Corinna. Estou ansiosa para galopar por esses campos.

Assim que Bertrand trouxe o animal e ajudou a moça a montar, ela saiu em disparada.

Dessa convivência diária e sem formalidades foi surgindo certa camaradagem entre eles. Ao voltar de suas cavalgadas, Hélène demorava-se um pouco na estrebaria, mas ninguém no castelo desconfiava de alguma coisa. Ela parecia a mesma, apenas estava mais feliz que de costume, e, como se fosse possível, ainda mais bonita.

Uma manhã, ao chegar com Corinna à estrebaria, Hélène parou num local que tinha muita lama, pois chovera na noite anterior, e, ao ajudá-la a desmontar, Bertrand escorregou, fazendo os braços da moça deslizarem por seus ombros. Os rostos dos dois jovens ficaram a poucos centímetros um do outro e não houve mais como segurar a paixão. Beijaram-se freneticamente como se não quisessem mais se separar e, só quando Corinna, incomodada, se mexeu, soltaram-se ainda com os olhares presos um ao outro.

Separaram-se devagar. Bertrand levou a égua, e Hélène andou rumo ao castelo.

Naquela noite, Hélène saiu sorrateiramente do castelo por uma das várias saídas secretas que havia por lá e que ela conhecia muito bem. Desde criança, quando brincava com seu irmão Étienne pelo castelo, descobrira as passagens de seus antepassados. Chegando à estrebaria, encontrou Bertrand insone, deitado no monte de feno que lhe servia de cama.

Lá, os dois jovens trocaram juras de amor eterno, e essa foi a primeira de muitas noites em que Hélène fugiu do castelo para ir ao encontro de seu amor. Nessas horas, a impossibilidade do amor não era preocupação para eles. Só queriam ficar juntos, num abraço eterno, desejando que o tempo parasse.

Numa dessas noites, Étienne, irmão de Hélène, teve problemas com a carruagem quando voltava de um festejo e, meio embriagado, foi à procura do cavalariço para ajudá-lo. E qual não foi sua surpresa ao encontrar, deitada no monte de feno ao lado do servo, sua própria irmã?! Ele nem sequer pestanejou ao golpeá-lo várias vezes com a espada, matando-o covardemente. Depois do acontecido, a família escondeu o mais que pôde o ocorrido, mas a oportunidade de um bom casamento para Hélène perdera-se para sempre.

As lágrimas corriam livremente pelo rosto da baronesa enquanto ela se recordava daqueles acontecimentos. Algum tempo depois do assassinato de seu amado Bertrand, ela descobriu-se grávida. A família de Hélène desabou. Além de desonrada, a filha, agora, estava grávida de um bastardo.

Hélène recusou-se a aceitar as beberagens que lhe ofereceram para se livrar daquele "incômodo" e, assim, nasceu um lindo menino, com as feições morenas do pai e os olhos verdes da mãe. Uma ama de leite de confiança e muito bem paga ficou encarregada de levar a criança para bem longe de Paris, qualquer lugar, mas que fosse bem longe. Essa boa mulher, comovida com o desespero da jovem Hélène, prometeu que trataria o bebê como seu próprio filho e lhe daria o nome do pai,

Bertrand. Assim, ela foi embora levando a criança para bem longe, para o sul da França, e empregou-se no castelo que pertencia a um marquês na região de Toulouse, no Languedoc.

Por causa de sua triste história, a baronesa queria a todo custo evitar que a filha tivesse qualquer envolvimento com quem quer que fosse. Não queria que a história se repetisse. Hélène encontrou o barão, que, apaixonado, passou por cima de todo o passado da baronesa e a ele devia gratidão e respeito. Não poderia permitir que ninguém atrapalhasse os planos de casamento de seu marido para a filha.

A grande ironia era que, ao casar-se com o barão, Hélène fora viver muito perto de seu filho perdido, sem, no entanto, nunca tê-lo visto nem sabê-lo tão perto! E, ironia das ironias, sua filha estava apaixonada pelo senhor de seu filho! Oh! Destino pérfido que brinca com os sentimentos e as desventuras dos humanos! Que armadilhas ainda colocará na vida das pessoas que lhe foram entregues?

A pobre baronesa adormeceu com as faces molhadas de pranto. Não bastasse a preocupação com o destino da filha, as lembranças, há muito adormecidas, vinham-lhe perturbar o sono como sombras de um passado que ela preferiria esquecer para sempre.

CAPÍTULO 3

O dia seguinte iniciou-se com um radioso sol prenunciando alegres venturas para os apaixonados Bernard e Catherine. Os dois jovens levantaram-se com um só pensamento: encontrar novamente o objeto de seu mais ardente amor.

Bernard vestiu-se rapidamente dispensando a ajuda de seu criado Bertrand. Não aceitou o desjejum e partiu velozmente, montado em Zeus, rumo ao local onde encontrara Catherine no dia anterior.

Catherine, embora não tivesse fome, teve de esconder sua excitação e participar do desjejum familiar, não demonstrando tanto desejo de sair, principalmente porque sabia da desconfiança materna. Teria também que se controlar para não sair de casa muito antes da hora habitual, pois qualquer ato falho lhe seria fatal.

Assim que se viu dispensada de seus deveres matinais, Catherine saiu de mansinho do castelo, olhando aqui e ali como sempre fazia, esperando estar um pouco mais afastada para sair em disparada rumo ao local onde esperava rever o homem que ocupara todos os seus pensamentos e seus sonhos durante a noite. A ama, que a seguia, não esperava que ela fosse correr tanto, posto que sempre andava num ritmo compassado, colhendo flores e parando de vez em quando. Agora, velha, sem forças e com todo o seu peso, não conseguia alcançar a ágil e jovem garota.

Bernard chegou primeiro. O rapaz deixou Zeus debaixo da mesma árvore e foi ao mesmo local onde esperava ver o sol de sua vida. Será que ela viria? Não tinha certeza de ter ouvido um sim da parte da moça no dia anterior. Talvez fossem somente delírios de seu coração apaixonado... e se assim fosse? O que faria? O desespero já começava a tomar conta do peito de Bernard quando ele a viu. Não acreditou, pensou que fosse imaginação, uma miragem. Ficou parado, estático, olhando para a linda figura que se aproximava. Seu rosto expressava adoração! Catherine aproximava-se suavemente, com a cabeça levemente pendida para o lado e sorrindo. Era o sorriso mais puro, mais cândido, mais angelical que ele já vira. Bernard, então, estendeu os braços, gesto ao qual ela correspondeu, entregando suas mãozinhas delicadas às mãos fortes do rapaz.

Assim ficaram por um longo instante, apenas se olhando. O tempo não existia, pois haviam, enfim, se reencontrado. Parecia que tanto tempo havia se passado! Por que se sentiam dessa maneira? Não importava. O que valia agora é que estavam juntos e jamais se separariam novamente. Lutariam contra o mundo para fazer valer aquele amor nascido havia tão pouco e tão forte, como se tivesse atravessado a eternidade.

Falaram pouco no encontro, pois as palavras não se faziam necessárias. Parecia que se entendiam somente pelo olhar, e esse olhar de um para o outro dizia tanto! Dizia tudo o que eles não entendiam, mas sabiam que estavam sentindo. E assim, lado a lado, sentados na relva, permaneceram por quase toda a manhã. O sol já se fazia alto quando se deram conta de que não deveriam demorar-se mais. Selaram seu amor com um doce beijo, que ficaria para sempre gravado no coração de ambos, e despediram-se prometendo encontrar-se no dia seguinte.

Ao voltar mais devagar do que tinha ido, Catherine encontrou sua pobre ama, ofegante e suada, sentada cabisbaixa e desanimada, tentando descobrir para qual lado a moça correra.

— Pobre Bá, o que houve? Por que está assim tão cansada? Acaso veio me trazer alguma má notícia?

— Não, minha menina, sossegue. Não vim lhe trazer nenhuma má notícia, apenas não consegui acompanhá-la. Por que correu tanto?

— Acompanhar-me? Mas por quê? Nunca saiu comigo em minhas andanças!

A velha ama tinha adoração pela sua menina do coração e não sabia se relatava a conversa que tivera com a baronesa ou se deixava passar. Por outro lado, reconhecia que jamais conseguiria seu intento de seguir Catherine e, talvez se lhe contasse o que estava acontecendo, ela a ajudaria. Era uma menina tão boa! Acabou por dizer:

— É a senhora sua mãe, menina! Ela acha que anda fazendo alguma coisa errada e mandou-me segui-la por esses campos afora. — A ama baixou os olhos, envergonhada com a confissão. — Mas a menina correu tanto que não consegui alcançá-la e devo falar para a baronesa que nunca conseguirei.

— Não! Por Deus, querida Bá, não faça isso! Nada faço de errado, mas, se contar para mamãe que não consegue me seguir, por certo ela mandará alguém mais ágil do que você, e eu estarei perdida!

— Perdida? O que anda fazendo, menina? Vamos, confie na sua Bá, como fazia quando criança e tinha medo de escuro.

Catherine confiava na Bá. Com sua mãe alerta, precisava de alguém que lhe desse apoio, então, contou para a boa mulher tudo o que acontecera no dia anterior, bem como a intenção do barão de casá-la o mais breve possível e contou-lhe também seu intento de viver em toda a sua plenitude o amor recém-nascido.

— Isso está me parecendo coisa de outras vidas, minha filha! A menina e o senhor Bernard já se encontraram em outras vidas e já foram apaixonados um pelo outro, por isso, essa sensação de que se conhecem de longo tempo e esse amor tão avassalador de um dia para o outro!

— Bá! Não existem outras vidas! Se o padre Cardin a escutar, pode excomungá-la!

— Pior, minha filha! Ele pode mandar me queimar viva! Nos dias de hoje, esse assunto é proibido, mas minha mãe já contava o que havia ouvido de sua mãe, porém, nós, que sabemos dessas coisas, devemos ficar calados para não irmos para a fogueira como bruxas.

— Céus, Bá! Não fale assim! Ninguém seria tão cruel a ponto de mandar uma boa mulher como você para a fogueira!

— Seria sim, minha filha, portanto, fique calada e não comente com ninguém o que lhe contei. Se for verdade que esse amor vem de vidas passadas, como penso, ajudarei a menina e o senhor Bernard. Sairei todos os dias, direi à baronesa que você está apenas colhendo flores, e tudo ficará bem. Mas tenha juízo, menina!

Não faça coisa errada. Pensaremos em um jeito de seu amado pedir sua mão ao seu querido paizinho, que certamente não lhe negará o pedido, já que a adora.

Mal sabia a pobre ama que, ajudando aquele amor proibido, iria interferir em uma situação que já estava prevista para acontecer de modo diferente. Sua interferência poderia atrapalhar muita coisa ao invés de ajudar, mas, enfim, todos têm livre-arbítrio e agora só restava esperar para ver o que aconteceria com a interferência da ama.

Assim resolvidas, as duas mulheres voltaram ao castelo, onde a baronesa as aguardava em um sofrimento desesperador. Assim que Catherine entrou, a velha ama disse à baronesa:

— Nada aconteceu de diferente, senhora baronesa. A menina colheu suas flores como de costume e voltou para o castelo. Pode sossegar seu coração.

Ainda assim, a baronesa não se conformou. Seu coração de mãe não se enganava. Alguma coisa estava acontecendo, e ela precisava impedir a qualquer custo.

O dia passou sem problemas no castelo do barão, apesar de a baronesa não desgrudar os olhos da filha. De nada adiantaria falar com o barão sobre suas preocupações, pois ele não acreditaria que algo de anormal estava acontecendo com Catherine.

No dia seguinte, logo pela manhã, Catherine saiu cantarolando e sendo seguida pela ama, que combinara de esperá-la num lugar próximo a uma grande árvore, podendo descansar enquanto a esperava.

Assim como acontecera no dia anterior, Bernard já estava à espera de Catherine e abraçou-a , como se o tempo passado longe dela tivesse sido torturante. Naquele dia, conversaram sobre a estranha sensação que tinham de já se conhecerem há muito tempo, como se tivessem passado um longo tempo separados e voltado a se encontrar.

— Minha Bá disse que nós já nos amávamos em outra vida, mas que não podemos falar disso a ninguém sob pena de ela ser queimada na fogueira pela Igreja!

— Bertrand, meu criado, também me disse a mesma coisa. Disse que sua mãe era iniciada numa estranha crença de que existem outras vidas e que nascemos em cada existência destinados a cumprir um papel, seja o de ajudar a alguém, o de expiar alguma falta ou de reencontrar um grande amor, como nós dois.

— Então, meu amor, vamos agradecer a essa bendita crença que nos aproximou depois de um longo tempo de separação e viver nosso amor em toda a sua plenitude. Papai está planejando escolher um marido para mim. Converse com o senhor seu pai. Eu tenho um bom dote, minha linhagem é nobre, e certamente nossas famílias não se oporão à nossa união.

— Tem razão. Viajarei para Paris amanhã mesmo. Partindo de lá, poderei ir até Versailles encontrar meus pais e solicitar-lhes que façam o pedido oficial ao senhor barão, seu pai. Certamente, ele ficará satisfeito em unir nossas famílias, ambas de antiga linhagem e nobreza.

— Assim tão já? Mal nos reencontramos e já haveremos de nos separar? Não sei se aguentarei ficar mais de um dia sem vê-lo, meu amor! — Catherine quase chorava.

— Será preciso que assim seja, pois, quanto antes meus pais fizerem o pedido, mais cedo nos casaremos. E se seu pai acertar seu casamento com outro cavalheiro?

— Mais uma vez, tem razão, meu amor! A separação será por um breve período de tempo para que possamos ficar juntos por toda a nossa vida!

Assim decididos, beijaram-se longamente e, prometendo amor eterno, partiram, cada um para seu castelo, já com o coração despedaçado pela saudade. Os dois jovens não imaginavam, contudo, o que estava por vir, que provações aqueles dois corações que se amavam havia vários séculos ainda teriam de enfrentar para se unirem eternamente.

CAPÍTULO 4

Bernard saiu de madrugada galopando loucamente em seu corcel negro, levando provisões e água, disposto a parar em uma hospedaria somente quando chegasse à exaustão. Não poderia perder um minuto sequer e desejava que nenhum incidente acontecesse até sua chegada a Paris. Ele pretendia encurtar ao máximo uma viagem de vários dias, semanas até — dependendo da carruagem e da comitiva —, para encontrar os pais.

Enquanto isso, no castelo do barão D'Auvernay, Catherine despertava preocupação em seus pais e em todos os criados. A moça vivia triste, chorando pelos cantos e não se animava a sair para os campos como antes, deixando a baronesa ainda mais pensativa. Dois dias de intensa alegria e devaneios seguidos de dias e dias de lágrimas furtivas? O que estaria acontecendo? A situação atual preocupava a baronesa mais do que a anterior, porque Catherine mal saía de seus aposentos.

Somente a ama sabia o motivo da tristeza da menina, porém, ao ser interrogada pela baronesa, mentiu dizendo nada saber e comentou que o comportamento de Catherine também estava lhe causando estranheza.

Dias passaram-se, e Catherine continuou lacrimosa, esquivando-se de qualquer pergunta que pudesse vir de seus preocupados pais, e foi nesse estado de ânimo que o barão a encontrou, quando chegou animadamente com a notícia que, ele acreditava, devolveria o sorriso ao rosto de sua jovem filha.

— Alvíssaras, minha querida! — cantarolou alegremente o barão, pegando entre suas mãos as de Catherine. — Acaba de sair do castelo um mensageiro do Marquês de Montserrat! Ele veio, em nome do marquês, pedir sua mão em casamento para seu filho, e eu a concedi. O marquês é de nobre linhagem e me causaria grande prazer vê-la casada com o filho dele. Está tudo acertado, e o casamento se realizará tão logo a família do marquês chegue a seu castelo aqui mesmo nos arredores de Toulouse. Creio que tal notícia conseguirá tirá-la desse vale de lágrimas em que se encontra! Estou certo? — o barão falava assim por achar que qualquer donzela se sentiria feliz em poder se casar com um homem jovem e nobre, possivelmente belo, não imaginando que era justamente o filho do Marquês de Montserrat o eleito do coração de sua filha.

Catherine deu um pequeno gritinho de felicidade e pulou no pescoço do pai, beijando-o. Depois, saiu correndo a contar a notícia à sua querida Bá, deixando, ao lado de seu pai, uma preocupadíssima baronesa.

A mãe de Catherine conhecia demais o coração feminino para se deixar enganar pelas aparências, ademais, já fora jovem e apaixonada e sentia que alguma coisa não estava indo bem. Onde estava aquela jovem rebelde, que se recusava a casar-se sem amor? Onde estava aquela mocinha feliz e com ar apaixonado que cedera lugar à jovem triste e lacrimosa? Definitivamente, algo não estava se encaixando.

A felicidade quase histérica de Catherine haveria de ter uma justificativa, e essa seria, sem dúvida, a explicação de todo o comportamento anterior da jovem. A baronesa Hélène sentiu um calafrio. Sentia como se uma nuvem negra estivesse chegando sobre seu castelo e, pior, sentia que nada poderia fazer para impedir o desenrolar dos acontecimentos.

— Bá! — gritou Catherine. — Bá, ele conseguiu! Meu querido Bernard conseguiu que o marquês, seu pai, pedisse oficialmente minha mão, e papai assim a concedeu!

— Mas essa é uma notícia muito alvissareira, menina! — A ama a abraçou carinhosamente. — Agora quero ver a menina parar de chorar e começar a comer para não ficar uma noiva feia.

— Ah! Bá, estou tão contente que não consigo comer nada!

— Vai se alimentar, sim! Ninguém quer uma noiva feia, e o senhor Bernard não reconhecerá a moça bonita por quem se apaixonou. Venha, menina, que sua Bá vai lhe preparar um prato delicioso.

Os dias continuaram passando com uma lentidão esmagadora para Catherine, que ansiava por ter logo de volta seu querido amor, desta vez sem precisar se esconder. Ansiava pelo dia em que os dois seriam, eternamente, uma só alma, como pressentira desde que conheceu seu amado Bernard, até que, estando nos jardins do castelo, observou a chegada de um emissário desconhecido para ela. Pressentindo que o estranho traria notícias da chegada de Bernard, ela correu a se esconder em algum lugar onde pudesse ouvir do que

35

se tratava o assunto sem ser percebida pelos presentes. Por fim, o que Catherine ouviu fez seu coração pular dentro do peito: seu amado chegaria em dois dias com toda a família para a celebração do casamento que se realizaria em uma semana.

Com o peito arfando de felicidade, Catherine correu até seus aposentos para se deliciar com a notícia que acabara de ouvir e, sem dividir com ninguém, saborear aquele doce momento. Seu Bernard estava de volta para desposá-la e, em dois dias, ela o veria! Certamente, a primeira coisa que o rapaz faria ao chegar a Toulouse seria procurá-la, pois deveria estar tão cego de saudades quanto ela.

Ah! Se Catherine soubesse o que ainda teria de enfrentar para, enfim, poder se reunir definitivamente ao seu eterno amor, sua alegria não seria tão intensa. Grandes obstáculos a separariam ainda de Bernard até que o casal merecesse viver com plenitude o amor que os unia. A moça nem sequer imaginava as duras provas que passariam para conseguirem se tornar eternamente um só, e, por causa disso, sonhava feliz. Um leve sorriso brincava nos lábios da moça, que, assim, adormeceu.

***

Afinal, chegara o grande dia! Catherine seria oficialmente apresentada aos marqueses como noiva de Bernard. A ansiedade deixava a moça trêmula enquanto se vestia, fazendo a ama fingir estar zangada:

— Se a menina não parar de tremer, não continuarei a fazer o laço do vestido.

Catherine estava linda envergando um maravilhoso vestido verde, cujo tom era a combinação perfeita para o leve rubor dos lábios e das faces da jovem. Os longos e loiros cabelos da moça estavam presos no alto da cabeça por minúsculas pérolas, e os cachos caíam-lhe em cascata sobre as espáduas. No pescoço delgado, ela carregava apenas uma joia delicada, presente do pai.

O barão estava muitíssimo feliz com a notória felicidade da filha. Havia ficado deveras preocupado com a reação de Catherine à mesa, naquela longínqua manhã em que falou pela primeira vez da possibilidade de casá-la. Agora, ele sorria e estava certo de que a filha seria a mais feliz das mulheres. Catherine faria um ótimo casamento, que uniria duas nobres famílias, e estava particularmente feliz, como raramente se via nas jovens donzelas nos dias que antecediam seu casamento com nobres desconhecidos.

Em seus aposentos, Catherine preparava-se para descer as escadas e encontrar-se com seu amado Bernard. Temia não conseguir conter-se e jogar-se nos braços do rapaz na frente de todos. Precisaria usar de todo seu autocontrole para cumprir o protocolo. Será que perceberiam seu nervosismo? Não haveria mal algum nisso, afinal, esperava-se que uma jovem noiva se sentisse de tal modo.

Enquanto caminhava pelos corredores, Catherine ouvia o burburinho no salão principal. Sabia que seu amado Bernard estava lá à sua espera. Respirando fundo, a moça começou a descer lentamente a escadaria, os olhos procurando seu grande amor. Ela viu seus pais, um casal de meia-idade que, julgou, serem os pais de Bernard e um jovem bem-aparentado, muito parecido com Bernard, porém, sem a doçura que lhe era peculiar, ao lado de vários cortesãos que deveriam fazer parte da comitiva do marquês. Catherine, contudo, não viu

37

Bernard. Estaria o rapaz brincando com ela? Teria se escondido para sorrateiramente chegar e lhe dar o beijo tão ansiosamente desejado? Sim, certamente era isso. Ela continuou a descer até que seu pai veio ao seu encontro e estendeu-lhe a mão para que descesse os últimos degraus. A expressão do barão era a da mais pura alegria quando disse:

— Catherine, minha querida, venha conhecer os marqueses de Montserrat, de agora em diante nossos parentes, e seu noivo, Pierre de Montserrat.

A voz do barão pareceu vir de muito longe.

"Pierre? Onde estava Bernard? Há um engano! O nome de meu noivo é Bernard de Montserrat, e não Pierre!". E Catherine jamais conseguiria se lembrar totalmente de tudo o que aconteceu antes de desmaiar nos braços do pai.

CAPÍTULO 5

Apenas uma pessoa não se movera diante da cena inesperada do desmaio de Catherine. Pierre de Montserrat já esperava pelo choque inicial da moça, mas mantinha-se calmo, afinal, o que poderia impedir seu casamento? Noivas descontentes não eram incomuns, e nem por isso os pais deixavam de confirmar a aliança anteriormente prometida. Seus pais não se abalariam; sabiam que Catherine poderia ter essa reação, pois o nervosismo era facilmente compreendido nas noivas. O barão, Pierre sabia, não voltaria atrás na palavra empenhada e, assim sendo, nada abalaria suas núpcias com Catherine.

— Sais, pelo amor de Deus! — A voz aflita do barão fez-se ouvir no meio do burburinho provocado pelo desmaio de Catherine.

A pobre ama saiu correndo com os sais. "O que estava acontecendo? Onde está Bernard? Que brincadeira de mau gosto é essa que o destino está fazendo com minha menina?".

Pierre observava toda a cena a distância. Ninguém percebia sua atitude, pois todas as atenções estavam voltadas para Catherine. Ele precisava daquela aliança e do dote da noiva. Havia contraído grandes dívidas em Paris, e somente um bom casamento poderia salvá-lo. Convencera facilmente seu pai a fazer o pedido ao barão, o que muito o agradou, pois a vida desregrada do filho o desgostava em demasia e o casamento, pensava, o faria sossegar. Foi quando Bernard chegou a Paris. Seus pais estavam em Versailles, e o rapaz parara na propriedade da família para descansar até encontrar-se com o marquês e solicitar-lhe que pedisse a mão de Catherine. Estava eufórico. Chegara a Paris em menos tempo do que imaginara e encontrara Pierre voltando de mais uma de suas noitadas. Estava tão contente e tão ansioso para contar a alguém sobre seu amor que se abriu com o irmão, dizendo-lhe que seguiria para Versailles tão logo descansasse um pouco.

Ora! Pierre não estava disposto a permitir que o irmão atrapalhasse seus planos de casamento e sabia da predileção de seus pais por Bernard, que sempre foi o "bom filho". Não, ele não poderia permitir que o irmão se encontrasse com o marquês. Daí a matá-lo enquanto dormia foi uma questão de minutos.

Aproveitando-se da ausência dos pais, Pierre enterrou o cadáver do irmão e foi ao encontro do marquês em Versailles para dizer que Bernard estivera na propriedade da família em Paris para comunicar que estava partindo para uma longa viagem e que mandava lembranças aos pais. Sabendo da aversão de Bernard a Versailles, os pais não estranhariam que o filho não fosse encontrá-los no palácio, e tudo estaria resolvido.

Enquanto se lembrava do que fizera, Pierre não se arrependia. A fortuna de Catherine o salvaria, e era isso que importava. Ele continuava observando a moça desmaiada. A palidez pétrea da jovem preocupava a todos.

A baronesa afligia-se, pois ainda não sabia o que estava acontecendo. Ela, contudo, podia imaginar. Estava juntando as peças do mosaico. Que sua filha não estava esperando o que acontecera era óbvio demais, mas *quem* ela esperava que lhe fosse apresentado como noivo? Catherine não desconhecia que seu pretendente era o filho do Marquês de Montserrat, então, como explicar o choque que sofrera? Teria o marquês outro filho? E, se porventura o tivesse, saberia Catherine da existência desse filho? Seria essa a causa daquela alegria que tanto intrigara a própria baronesa dias antes? E seria também a causa da felicidade que a moça sentira ao saber-se prometida ao filho do marquês? Precisava descobrir tudo isso. Naturalmente, não seria possível naquela noite, pois Catherine fora levada aos seus aposentos quando se verificou que o mal súbito da jovem não fora somente uma leve vertigem provocada pelo nervosismo. Os sais não a fizeram recobrar os sentidos. Era como se ela se recusasse a acordar, como se a realidade fosse demasiadamente cruel para ser enfrentada, e o desmaio a tivesse levado para longe, para um mundo onde ninguém a pudesse molestar.

 O barão e a baronesa passaram aquela noite em vigília à cabeceira da filha, temendo pela saúde da jovem. Foi somente quando os primeiros raios da aurora iluminaram os aposentos de Catherine que ela começou a dar os primeiros sinais de consciência. A moça agitava-se no leito, repetindo o nome de Bernard. O pobre barão nada compreendia, porém, para sua esposa, tudo se desanuviava. Sim, agora estava claro que aquele Bernard era o eleito do coração de Catherine.

 O marquês era proprietário de um castelo no Languedoc, o que fazia a baronesa pensar que havia grandes possibilidades de existir outro filho que pudesse ter estado nesse castelo e conhecido Catherine. Todas essas conjecturas faziam sentido para a baronesa, quando ela se recordava dos dois dias de felicidade indescritível que Catherine vivera, misturada à sua súbita melancolia e à transmutação dessa tristeza numa frenética ansiedade tão logo soube dos acertos para o casamento.

A ama também não saiu dos pés de sua pobre menina. O que teria acontecido? Ela temia pelo destino de Bernard. Teria ele conseguido chegar a Paris? E, se conseguiu, por que, então, o outro filho do marquês se apresentara como o pretendente de Catherine? Além disso, sendo Pierre o noivo, onde estaria Bernard agora? Teria aceitado passivamente o noivado de seu irmão com sua amada? Certamente não. Com todas essas preocupações, a ama não conseguiu reprimir um choro convulsivo em que murmurava palavras desconexas. Atenta, a baronesa conseguiu ouvir os nomes de Catherine e Bernard e, num impulso, jogou-se sobre a ama implorando desesperadamente que ela contasse tudo o que sabia.

Sem alternativa e julgando que agindo assim ajudaria sua querida menina, a ama relatou aos aflitos pais tudo o que acontecera desde que Catherine e Bernard se conheceram.

O barão, que tinha adoração por Catherine, caiu num profundo desespero. Sabia ele que não poderia voltar com a palavra empenhada ao marquês e a seu filho e não conseguia suportar a ideia de impor um sofrimento à sua querida filha.

A baronesa sentia em seu coração que a tragédia não terminaria ali. Era mãe, possuía a intuição característica daquelas que são capazes de tudo para proteger seus filhos. Sentia que era preciso proteger Catherine de um mal maior, mas protegê-la do quê? Era impossível fugir da obrigação do casamento. Seu coração de mãe sentia que as nuvens negras estavam cada vez mais próximas e sofria com sua impotência.

Finalmente, Catherine abriu os olhos, parecendo um espectro do que fora até a noite anterior. Fitava o vazio, mas não conseguia chorar. A moça olhou para os pais aflitos e para a querida Bá, que soluçava desesperadamente. Pressentia que não havia chance. Bernard! Onde estaria seu amado? Ela o procuraria, não se casaria com nenhum outro homem. Ninguém substituiria Bernard em sua vida e em seu coração. Ela o encontraria e, quando enfim se reunissem, celebrariam seu amor. Não se importava com a possibilidade de nunca mais ver sua família ou de ela e Bernard se tornarem párias. Só o que importava naquele momento era encontrar seu amor e viver ao seu lado eternamente.

Catherine sentia-se fraca e, se quisesse encontrar Bernard, teria de se fortalecer e planejar uma fuga perfeita. Conseguiria fingir que aceitava o casamento com Pierre? Seria preciso não demonstrar nenhuma rebeldia ou colocaria seu plano em risco. Teria uma semana para se preparar, embora seu coração não quisesse esperar sete longos dias para sair em busca de Bernard. Talvez ele estivesse por perto. Talvez tivesse algum plano para raptá-la, agora que o casamento, com a aprovação das famílias, não seria mais possível. Era preciso ter calma e paciência. Não precisaria fingir alegria, apenas aceitação. Isso tranquilizaria seus pais e a família do marquês.

Não confiaria seus planos a ninguém, nem a Bá, pois temia que ela a delatasse. A ama não faria isso por maldade, mas por não querer vê-la correndo perigo.

Precisava fazer Pierre lhe contar se Bernard chegara a Paris. Não sabia, contudo, como fazê-lo. Talvez, se mostrando dócil, conseguisse alguma coisa. Não era comum que noivos conversassem a sós antes do casamento. Como o encontraria, então? Poderia voltar aos seus passeios pelos campos. Sim, era isso! Se voltasse aos seus passeios, poderia encontrá-lo. Por ora, deveria tratar de se fortalecer para colocar seu plano em ação.

Dois dias depois, sentindo-se melhor, Catherine saiu de seus aposentos. Ainda conservava a palidez no rosto e era apenas uma sombra daquela menina que andava alegremente pelos campos. Não se preocupou em fingir alegria para os pais, sabendo que a ama lhes contara sobre Bernard. Fingia apenas ter aceitado o casamento com Pierre para salvar a palavra empenhada por seu pai. Recusava-se a falar em Bernard, mesmo com a ama. Sua família tomara essa atitude por um luto e respeitava. Não queriam que ela sofresse mais do que já sofria com toda a situação.

No dia seguinte, disposta a ver Pierre, Catherine saiu a caminhar. Doía-lhe percorrer o caminho que fizera antes tão alegremente para se encontrar com Bernard. Ah! Bernard! Onde estaria? Esperara em vão por alguma tentativa de contato de sua parte. Ainda era cedo, pensava, tentando se consolar. Ele poderia estar esperando o momento propício para se aproximar sem correr riscos. Talvez estivesse escondido vendo-a sair do castelo! Esse pensamento fez um sorriso de alento chegar aos seus lábios.

Catherine andou por toda a manhã sem, no entanto, encontrar Pierre ou mesmo Bernard. Em seu íntimo, ela sabia que aquela caminhada fora muito mais idealizada para tentar um encontro com Bernard que propriamente avistar seu irmão, cuja visão a repugnava. Assim sendo, a jovem voltou ao castelo, enquanto imaginava uma maneira de escapar sem que pudessem encontrá-la quando saíssem ao seu encalço — o que certamente fariam. Faltavam apenas quatro dias para o casamento, e ela precisava agir. Catherine resolveu que continuaria com suas caminhadas por mais três dias, podendo, assim, dar a Bernard uma chance de encontrá-la se porventura ele estivesse nas redondezas. Se ela não o visse, sairia a procurá-lo. Talvez Bernard estivesse doente em alguma hospedaria e nem houvesse conseguido chegar até Paris. Havia ainda a probabilidade de que nem soubesse de seu casamento com Pierre! Sofria ao pensar em Bernard ferido em algum lugar entre Paris e o sul da França.

Para sair do castelo sem que ninguém notasse sua ausência, Catherine elaborou um plano. No dia anterior ao casamento, sob pretexto de não estar se sentindo bem, se trancaria em seus aposentos pedindo que a deixassem em paz até o casamento. Embora pudessem achar insólito, seus pais certamente concordariam com o último pedido da filha, pois sabiam que seria seu último dia sozinha para pensar em Bernard antes do casamento. Na madrugada do dia do casamento, então, ela sairia furtivamente do castelo, andaria pelos bosques e, evitando estradas, rumaria em direção a Paris. Não sabia onde procurar o rapaz, mas sabia que seu coração a guiaria e que acharia seu amado Bernard em algum lugar. Se o pior tivesse acontecido, e ela jamais o encontrasse, pelo menos não se casaria com Pierre. Assim pensando, procurou fazer com que todos tivessem dela a impressão de noiva triste, porém, conformada.

Os pais de Catherine de nada desconfiavam. Até a baronesa parecia em sossego, pois também perdera seu grande amor e, no entanto, podia dizer-se quase feliz. A vida no castelo era-lhe agradável, o marido a adorava e tinha uma filha encantadora. A baronesa, porém, ignorava que seu futuro genro tivesse uma personalidade completamente diversa do barão. Pensava que Catherine era amada pelo noivo e não sabia que Pierre queria tão somente a fortuna que lhe cabia como dote.

CAPÍTULO 6

    Ainda mergulhada numa espécie de névoa, Clara despertou sentindo um forte e conhecido odor de hospital. O que teria acontecido? Parecia estar ligada a aparelhos. O leve movimento que fez chamou a atenção da jovem enfermeira, que disse:

    — Doutor Rossi, a doutora Clara acabou de acordar.

    Paolo Rossi correu para perto do leito da colega de trabalho, trazendo consigo o preocupado marido de Clara, Roberto Belucci.

    — Clara! Até que enfim! Você nos passou um belo susto! Chegamos a pensar que iríamos perdê-la!

    Roberto pegou as mãos da esposa e beijou-as.

    — Roberto! Paolo! Por que estou aqui? O que houve comigo? — Clara agora percebia que estava na UTI do hospital em que trabalhava.

    — Infelizmente, não conseguimos descobrir o que aconteceu com você, Clara. Agora, vendo que despertou sem problemas aparentes, chego a pensar que deve ser excesso de trabalho. De qualquer forma, precisamos fazer mais alguns exames para ver se está realmente bem como aparenta. Enquanto se encaminhava para o bloco cirúrgico, você simplesmente caiu e permaneceu desacordada por três dias. Não chegou a bater a cabeça no chão, porque eu estava ao seu lado e a amparei. Dessa forma, o fato de ter ficado desacordada durante tanto tempo não se justifica. A tomografia também não acusou nenhum problema grave, embora durante todo o tempo você parecesse estar em coma! Acho que resolveu tirar três dias de férias e dormir um pouco, minha cara colega — brincou o doutor Rossi.

Clara sorriu, mas estava preocupada. Acabara de chegar de férias! Ela e o marido tinham estado em Paris e feito uma longa viagem pelo interior da França. É verdade que ela se sentira mal algumas vezes durante sua estadia na França, contudo, não pensou que se tratasse de algo grave. Não sentia que tivesse estado doente e tampouco vivenciara um sono normal. Era um sonho longo, e a história parecia ter começo, meio e fim; não era desconexa como a maioria dos sonhos! Clara tinha a impressão de que assistira a um filme, em que ela mesma era a personagem principal. Bernard! Aquela lembrança doía em seu peito. Como poderia sofrer por alguém que pertencia a um sonho? Tudo parecia tão real! Era como se realmente houvesse vivido aquela história. Seu nome era Catherine e vivia na França. Parecia o século XVIII. Havia um castelo, e ocorrera uma fuga. Fugira à procura de seu grande amor. Tudo estava muito estranho. Aquele "sono" de três dias que os médicos não conseguiam explicar, aquela dor lancinante em forma de saudade... a sensação de que *vivera* a história e não apenas sonhara...

Agora, a cabeça doía-lhe terrivelmente, e Clara sabia que não se tratava de uma dor causada por uma doença grave, porque fora submetida a todos os exames possíveis e estava sendo muito bem cuidada. A dor de cabeça tinha alguma coisa a ver com a preocupação com o sonho, ela sentia que precisava se lembrar de mais coisas. Por ora, tudo o que queria era descansar. Ela sorriu com a ideia. Como se não tivesse passado três dias dormindo profundamente!

    Clara, por fim, adormeceu com o sorriso ainda brincando em seus lábios e lentamente foi se perdendo na névoa.

***

    Catherine respirava ofegante, enquanto se dirigia ao estreito e escuro corredor que levava à saída subterrânea do castelo. Havia anos que aquela passagem não era usada, e as paredes úmidas e frias, com lodo por todos os lados, a fazia escorregar algumas vezes. De repente, alguma coisa tocou rapidamente sua mão, e ela deu um pulo para trás horrorizada ao reconhecer um enorme rato. Não poderia recuar agora. Chegara o dia de seu casamento com Pierre e só lhe restava a fuga.

    Ainda era madrugada, mas a criadagem já começara a preparar o banquete das festividades. Toda a nobreza da região do Languedoc fora convidada e logo começaria a chegar. Catherine deu mais alguns passos e viu-se diante da estreita passagem que lhe daria a liberdade. Levava pouca coisa: água, alguma comida, pão, nada que lhe pesasse muito durante a caminhada. Passaria pelo bosque, evitando as estradas onde certamente a procurariam. Desejava estar bastante longe quando a ama fosse acordá-la. Pobre ama, pobres pais... Sentia deixá-los, contudo, não poderia ficar.

    Catherine finalmente saiu pelo minúsculo portão que se abria para a imensidão dos campos. A imponente entrada principal do castelo ficava ao sul, e aquela saída subterrânea a levava na direção norte, o que lhe facilitava a fuga, uma vez que Paris estava situada ao norte de Toulouse. Sentia-se confortavelmente bem, quando uma mão rude lhe tapou a boca, deixando-a atônita, ao mesmo tempo em que um braço pesado lhe envolvia a cintura. Assustada, ouviu as palavras bem perto de seu ouvido:

— Não se mexa!

Catherine não sabia mais o que fazer. Quem, em nome de Deus, estava segurando-a com tanta força? Pierre? Algum malfeitor desconhecido escondido no bosque? Apavorada e trêmula, ela sentiu o suor frio correr por sua testa. Foi então que viu que estava sendo gentilmente empurrada para um canto mais afastado, enquanto uma voz firme, porém educada, continuava a pedir que ficasse quieta e em silêncio.

Mais por instinto que por destemor, Catherine relaxou. Alguma coisa naquela voz lhe dizia que não precisava temer. Relaxando, ela aquietou-se, enquanto as mãos a soltavam. Ela não reconheceu o jovem à sua frente, embora achasse que já havia visto aqueles olhos em algum lugar. O rapaz pediu desculpas:

— Perdoe-me por tê-la assustado, senhora. Sou Bertrand, criado pessoal do senhor Bernard. Tenho passado sempre perto do castelo do senhor seu pai a fim de encontrá-la, mas sem sucesso. Hoje cedo, então, tão logo a vi, percebi que algo grave estava acontecendo com a senhora. Pretende ir embora, senhora Catherine?

Catherine, embora mais calma, continuava atordoada. De onde conhecia aqueles olhos? Ainda assim, forçou-se a responder:

— Bernard sempre falava de sua lealdade, por isso, não vejo razão para não confiar em você. Sim, estou partindo em busca de meu adorado Bernard. Preciso encontrá-lo e avisar o que aconteceu aqui. Talvez ele não saiba que seu irmão lhe usurpou o lugar. Quando me encontrar com ele, poderemos fugir para bem longe e viver em paz.

Uma sombra passou pelos olhos verdes de Bertrand quando ele falou com cuidado:

— Eu também gostaria de encontrar meu senhor, nobre senhora, mas aconteceu com ele uma terrível tragédia. Tenho andado escondido já há vários dias, desde que me engalfinhei em uma luta com o senhor Pierre. Meu senhor estava muito empenhado em encontrar os pais para tratar do casamento dele com a senhora e não iria embora do jeito que o senhor Pierre contou. Uma noite dessas, encontrei o senhor Pierre completamente bêbado e não resisti. Pulei em cima dele até arrancar-lhe toda a verdade. Senhora Catherine, ele assassinou o senhor Bernard para poder se casar com a senhora.

— Nãããão!!!!! — foi tudo o que Catherine conseguiu pronunciar antes de cair em um pranto convulsivo.

Não acostumado à convivência com nobres damas, Bertrand ficou paralisado, sem saber que atitude tomar. Por fim, para dar um pouco de conforto a Catherine e também para que outras pessoas não ouvissem o pranto da moça, ele tomou-a nos braços, acalentando-a desajeitadamente até que ela se acalmasse.

Catherine aceitou o afago. Precisava saber-se protegida e tinha certeza de que Bernard, onde estivesse, não se oporia àquela cena. Necessitava de um pouco de conforto. A busca pelo paradeiro de Bernard não mais fazia sentido, mas o projeto de fuga teria de ser concretizado. Jamais poderia se casar com Pierre, ainda mais agora que sabia do horrível ato cometido por ele.

Enxugando as lágrimas, ela disse a Bertrand:

— Preciso ir. Os primeiros raios da aurora já aparecem e daqui a pouco será dia. Devo estar bem longe quando o dia estiver alto.

— Eu a acompanho. Nada mais tenho a fazer aqui por estas paragens sem meu senhor — Bertrand ajudava, sem o saber, a própria irmã.

— Apresse-se, pois. Já devíamos estar a caminho.

Assim seguiram os dois fugitivos, embrenhando-se no bosque a passos rápidos, deixando para trás — e para sempre — a vida que tiveram no reino de Languedoc.

CAPÍTULO 7

  O sol vermelho no horizonte anunciava a Catherine e Bertrand que o dia estava findando. Exaustos de tanto caminhar, os dois jovens esperavam apenas o anoitecer para descansar em uma clareira, pois seria arriscado, em sua posição de fugitivos, parar durante o dia claro.
  Catherine sentia as pernas doerem terrivelmente. Os pés da jovem pareciam anestesiados e, às vezes, eram tomados por pontadas agudas de dor provocadas por milhões de facas. Bertrand, mais acostumado à dureza das caminhadas longas e ao trabalho pesado, não sentia tanto quanto sua companheira, contudo, também estava cansado.
  Quando a noite caiu, os dois viajantes clandestinos caminharam por mais alguns minutos até encontrarem um bom lugar para pernoitarem. Acharam uma pequena clareira, que lhes serviu maravilhosamente bem por estar situada atrás de um monte de pedras altas. A noite, sem lua, contribuía para escondê-los na escuridão.
  Os dois jovens comeram alguma coisa do que Catherine levara, tomando cuidado para deixar reservas, uma vez que eram dois a dividir a ração que a moça

preparara pensando apenas em si. Dividiram a água, desta vez com mais abundância, pois haviam encontrado riachos em quase todo o bosque e certamente encontrariam mais pela frente.

Bertrand não conseguia conciliar o sono e ficou olhando as estrelas, enquanto ouvia Catherine chorar baixinho. Fora sensível o suficiente para não deixá-la perceber que a ouvia, permanecendo imóvel, respeitando sua grande dor.

Catherine mostrara-se uma ótima companheira de viagem. Apesar de nobre, não reclamava da dureza da caminhada, do sol causticante, da falta de conforto. Seu belo rosto estava queimado pelo sol, em um lindo contraste com seus cabelos muito claros. As mãos delicadas estavam arranhadas e sujas, e as vestes, rasgadas. Bertrand procurava ajudá-la, mesmo sabendo que nada do que fizesse poderia curar a dor do coração de Catherine.

Os dias foram se transformando em semanas, a comida já chegara ao fim, e os dois viajantes, exaustos, já não tinham mais o mesmo vigor do início. Foi Catherine quem decidiu que parariam na primeira aldeia para pedir ajuda.

Assim decididos, desviaram-se da mata densa, procurando andar mais perto da estrada, porém, evitando arriscarem-se a aparecer. Após algumas horas em que, exaustos e famintos, nada encontraram, viram a torre de uma pequena igrejinha. Com os olhos embaçados pelo suor que corria da testa, os cabelos pregados e sujos, as mãos e os pés feridos, Catherine alcançou a porta da igrejinha e viu que ao fundo havia uma pequena casa. Como se estivesse revigorada pela visão alentadora, conseguiu correr até a porta da casinha e bater.

Monsenhor Debret não esperava receber visitas àquela hora e assustou-se ainda mais ao se deparar com a jovem desgrenhada que encontrou parada à soleira. A jovem tentou esboçar um sorriso, mas caiu, semidesfalecida aos pés do homem, sendo prontamente acudida por um rapaz robusto que chegava logo atrás. Carregando-a nos braços, o jovem olhou para o padre com uma interrogação.

Meio atrapalhado, padre Debret apressou-se em abrir mais a porta, dando passagem para o jovem com a moça nos braços. Ele correu à cozinha trazendo água fresca e ofereceu-a aos dois desconhecidos. Com gentileza, Bertrand ajudou Catherine, que bebeu o líquido vorazmente. Depois, ele mesmo também o fez, olhando furtivamente para o padre que nada dizia.

Por alguns instantes, permaneceram em silêncio. O padre olhava com curiosidade para o casal, que, até aquele momento, nada havia dito. Por fim, rompendo o silêncio, Bertrand começou a falar:

— Padre, agradecemos sua gentileza em nos oferecer água e por permitir que entrássemos em sua casa. Estamos realmente muito cansados.

— Meus filhos, minha casa sempre estará aberta a qualquer pessoa que necessitar de abrigo. De onde estão vindo?

Bertrand hesitou, pois não sabia se a história da fuga de Catherine já chegara até aquele lugar. Mesmo assim, sentia que o padre tinha um olhar bondoso e era digno de confiança, então, começou a falar. Padre Debret de nada sabia. Vivia só, afastado da cidade, e sua pequena igreja tinha como fiéis apenas uns poucos aldeões que quase nunca saíam daquele lugar. Ficou emocionado com a história de Catherine e, embora nunca tivesse se apaixonado, era sensível o suficiente para imaginar o que a pobre moça deveria estar sofrendo.

— Podem ficar para descansar, se quiserem — falou em voz alta. — Vou preparar-lhes uma sopa quente que irá revigorá-los.

Assim falando, ele afastou-se, deixando os dois visitantes sozinhos. Já refeita, Catherine foi a primeira a falar:

— Não devemos nos demorar aqui, Bertrand. Nosso destino deve ser Paris. Lá, poderemos ficar anônimos sem que nos encontrem. Poderei trabalhar e você também.

— Trabalhar, senhora? Mas o que fará?

— Ora, Bertrand, posso aprender a cozinhar e a cuidar de uma casa. Há muito sei que a filha do barão D'Auvernay não existe mais. De agora em diante, serei uma simples camponesa. Olhe minhas mãos — ela disse estendendo as pequenas mãozinhas machucadas e calejadas. — Parecem-se com as mãos de uma nobre dama?

— Devo reconhecer que tem razão, senhora, por mais que isso me faça doer o coração. Mas alegro-me em ver que está animada a construir uma nova vida, ainda que esta lhe seja totalmente desconhecida.

— Sim, Bertrand. A vida mostrou-me que nada dura para sempre e que podemos ser levados ao topo ou ao chão, restando-nos apenas saber o que fazer para não sermos tragados pelo destino. Trabalharei sim. Hoje, estou no chão, porém, chegarei ao topo. Não mais como a doce filha do barão, mas como uma mulher que sofreu e soube fazer do sofrimento um degrau para vencer. Ainda não sei o que acontecerá, contudo, posso lhe dizer que serei lembrada por mim e por meus atos.

Ao terminar de falar, Catherine tinha um brilho no olhar que espantou Bertrand. Ele via nos olhos da moça a determinação, o vigor, a força de vontade de uma mulher supostamente frágil, a quem a vida maltratara, mas que não se curvaria nem se deixaria abater — e ele a admirou por isso.

Naquela noite, os dois amigos descansaram na casinha do padre Debret e seguiram caminho quando saíram os primeiros raios da aurora do dia seguinte, agradecendo a hospitalidade e levando um farnel com boa comida e água.

Bertrand e Catherine continuaram à margem da estrada para chegarem logo aos arredores de Paris, que, segundo informações do padre, não estava muito longe. No final do segundo dia de caminhada, a visão de pequenas casas beirando a estrada e de alguns castelos confirmava a proximidade da cidade. Passaram ainda mais essa noite no bosque e, na manhã do dia seguinte, rumaram para Paris.

Sabendo que os dois jovens queriam chegar a Paris, o padre deu-lhes algum dinheiro para que pudessem se hospedar em algum lugar modesto, e foi o que procuraram tão logo chegaram à cidade. Encontraram uma taverna que também fazia as vezes de hospedaria, lugar que Catherine achou muito estranho e escuro em demasia. Bertrand, por sua vez, negava-se a permitir que a nobre senhora se hospedasse naquele local, porém, o dinheiro que possuíam era pouco, não tendo eles muita chance de escolher.

— Gostaríamos de nos hospedar — falou um altivo Bertrand, julgando que, talvez assim, as pessoas parassem de olhar Catherine tão ostensivamente.

O dono da taverna lançou um olhar escandaloso para Catherine, apenas acenando com a cabeça. Depois de uma longa demora, perguntou:

— Quarto para dois?

— Separados — Bertrand pigarreou ao dizer.

— Por aqui. — O dono da taverna olhou mais acintosamente para Catherine ao sabê-la só.

O andar superior possuía alguns quartos parcamente mobiliados. O homem abriu a porta de um e do outro em seguida, apontando para o que abriu primeiro maliciosamente:

— Este aqui com a cama maior fica para a moça.

Catherine murmurou um agradecimento e entrou rapidamente. O homem encarou Bertrand e disse:

— Pagamento adiantado.

Bertrand colocou o saco contendo o dinheiro nas mãos do homem, que contou as moedas, respondendo:

— O que tem aqui paga três noites. Precisarão conseguir mais dinheiro se quiserem ficar por mais tempo.

Bertrand assentiu e entrou rapidamente no quarto, pondo-se a pensar como fariam, ele e Catherine, dali em diante. Haviam chegado a Paris, e agora?

Por volta do meio-dia, o dono da taverna bateu na porta do quarto de Catherine, que, com um pouco de medo, abriu somente o suficiente para ver o homem parado do lado de fora.

— *Mademoiselle,* sou *monsieur* Chapelet, seu criado. Não está com fome? Temos um caldo delicioso lá embaixo.

— Obrigada, estou sem fome — Catherine respondeu, confusa com a atitude amável de monsenhor Chapelet.

— Olhe, *mademoiselle*, estou percebendo que a senhora está com medo de ficar aqui. Não poderá ficar no quarto o tempo todo. Creio que desejará passear e se distrair, e estou lhe oferecendo minha hospitalidade. A senhora não deveria recusar.

— O senhor não estaria precisando de alguém para ajudá-lo nos afazeres domésticos? — Catherine não acreditou que tivesse perguntado isso.

Monsenhor Chapelet encarou-a atônito. O que uma donzela tão bonita e de bons modos estaria fazendo ali, querendo trabalhar numa taverna? Isso era um caso a se pensar. A beleza dela poderia atrair novos fregueses, o que seria muito bom.

— O que a senhora sabe fazer? Duvido que saiba cozinhar.

— Bem, é verdade, cozinhar não sei, mas poderia servir as mesas, ajudar na limpeza, arrumar os quartos, quem sabe.

O olhar de Chapelet iluminou-se. Ele pensara que ela iria querer ficar longe dos frequentadores da taverna, mas ela estava se propondo a servir as mesas! Os homens de Paris iriam adorar. Sua taverna poderia receber o dobro, o triplo de fregueses!

— Está bem, *mademoiselle*. Diga-me seu nome.

— Carolle — mentiu Catherine.

— Muito bem! Poderá começar assim que tomar um pouco do caldo que temos preparado lá embaixo. Não quer desmaiar de fome no primeiro dia de trabalho, sim?

Para assombro de Bertrand, que saíra do quarto minutos antes e ouvira o final da conversa, Catherine fechou a porta de seu quarto e seguiu monsenhor Chapelet escada abaixo.

Chegando à cozinha, Catherine sentiu o maravilhoso cheiro do caldo de galinha que fumegava e só então percebeu o quanto estava faminta. Monsenhor Chapelet disse à cozinheira que servisse à moça uma

59

generosa porção acompanhada de um grande pedaço de pão e uma caneca de vinho, que Catherine saboreou com prazer. Ao terminar, a moça seguiu o dono da taverna até o salão, resoluta e disposta a não se deixar abater. Começaria seu trabalho logo e o faria bem, assim, não teria tempo de pensar em Bernard e na tragédia que se abatera sobre os dois.

Catherine serviu uma caneca de vinho para Bertrand, que acabara de descer, junto com uma porção de pão e o delicioso caldo e começou a percorrer as mesas, onde homens rudes se sentiam príncipes ao fazerem os pedidos a uma mulher tão formosa.

Embora fossem homens pouco acostumados a gentilezas, os frequentadores da taverna esmeravam-se em agradar Catherine, para eles, Carolle. Os dias foram passando com tranquilidade, quando, numa tarde chuvosa, um senhor distinto de cabelos alvos apeou do cavalo à porta da taverna e entrou com as vestes molhadas, esfregando as mãos para aquecê-las.

Catherine apressou-se em levar-lhe uma toalha com a qual ele pudesse se secar e uma caneca de vinho. Ao vê-la, o desconhecido quase se esqueceu de se secar, parado que ficou com a caneca de vinho nas mãos. Nunca em sua vida vira mulher tão bela! As roupas simples que vestia, longe de ofuscar-lhe a beleza, tornavam-na ainda mais formosa aos olhos de todos.

— Não quer sentar-se, *monsieur*? — Catherine convidou, apontando uma mesa vazia. — Venha! Trarei para o senhor uma tigela de sopa quente!

Observando os trajes que o homem usava, Catherine percebeu que se tratava de um homem de fino trato e que talvez até pertencesse à nobreza.

Os outros frequentadores da taverna não olharam com bons olhos para o estranho. Estavam acostumados a ter Catherine dispensando-lhes toda a sua atenção e não lhes agradava vê-la ocupada com outro que não fosse *habitué* do lugar.

Alheia aos olhares de raiva lançados pelos outros homens, Catherine continuou a dar atenção ao estranho e providenciou para ele um quarto, o que despertou a ira dos frequentadores do lugar.

Quando o estranho desapareceu, e Catherine voltou a se ocupar com seus fregueses habituais, um deles provocou:

— *Mademoiselle* Carolle, não está satisfeita em nos atender? Nunca a vi tão solícita conosco como foi com esse estranho que acabou de chegar!

— Não seja tolo, Lucien! Apenas fiz o que deveria e trato a todos muito bem.

— Isso é verdade, Lucien — outro homem retrucou. — *Mademoiselle* Carolle trata a todos muito bem e como cuida de nós! Ahhh!

Catherine riu e foi buscar mais vinho para seus amigos. Já os considerava assim, apesar de Bertrand adverti-la continuamente sobre aqueles homens, dizendo-os sem *finesse*, com medo de que algum deles pudesse lhe fazer mal.

No dia seguinte, logo pela manhã, Catherine chegou ao salão, e o senhor desconhecido da noite anterior já havia se levantado.

— Bom dia, senhor! Teve uma boa noite?

— Bom dia, caríssima senhora! Passei muito bem a noite. Fui muito bem tratado pela senhora... Qual é mesmo seu nome?

— Carolle, às suas ordens!

— *Mademoiselle* Carolle! Sou o visconde de Lafayette e sinto-me muitíssimo bem com o tratamento que me dispensou.

Catherine não se enganara, então. O estranho era um nobre. Conheceria seu pai? Ele jamais poderia descobrir sua verdadeira identidade.

— *Mademoiselle* Carolle, permita-me recompensá-la pelo bem que me fez. Peça-me o que quiser, e lhe darei de bom grado.

Catherine riu.

— Nada me deve, senhor visconde. Sinto-me imensamente grata, mas devo declinar.

— Permita-me, então, visitá-la de vez em quando. Moro não longe daqui, em um castelo de minha propriedade, e me faria eternamente feliz se me permitisse vê-la amiúde.

— Naturalmente, senhor visconde. Me sentirei honrada com sua visita.

O visconde de Lafayette pegou entre suas mãos as de Catherine e, beijando-as ternamente, despediu-se, não sem antes prometer que voltaria.

Enquanto o visconde se afastava, Catherine ficou olhando-o e, ao entrar, viu que Bertrand a estava encarando com curiosidade. Ela enrubesceu levemente ante aquele olhar perscrutador e entrou para a cozinha.

Nas semanas que se seguiram, o visconde tornou-se frequentador habitual da taverna, trazendo com ele outros nobres que se encantaram com a beleza de Catherine e fazendo monsenhor Chapelet muito feliz com a nova clientela.

Catherine tratava o visconde com atenção, percebendo, naturalmente, que o interesse do nobre por ela ultrapassava a simples gratidão. Ela não retribuía o interesse dele, pois seu coração para sempre pertenceria a Bernard, onde quer que ele estivesse.

O visconde, por sua vez, sabia que Catherine não lhe devotava a afeição que ele desejava e imaginava uma maneira de mantê-la perto de si. Uma noite, o nobre chegou à taverna mais cedo que o habitual e propôs ao monsenhor Chapelet a compra da propriedade. Ofereceu tão alto valor que o pobre homem não pôde recusar a oferta! Apenas ficou preocupado com o destino de Catherine, a quem se afeiçoara sobremaneira.

— Não se preocupe com *mademoiselle* Carolle, *monsieur* Chapelet. Pretendo fazer dela a nova dona dessa taverna.

— Ah! Isso me deixa muito mais aliviado, senhor visconde. *Mademoiselle* Carolle não poderia ficar desprotegida nesse mundo, à mercê da sorte.

— Farei de *mademoiselle* Carolle uma mulher rica, *monsieur* Chapelet. Ela terá tudo o que o dinheiro puder comprar.

— Encantado, senhor visconde, encantado — falava afoitamente monsenhor Chapelet, enquanto arrumava seus pertences em uma grande carroça. — *Mademoiselle* Carolle, onde está a senhora?

— Aqui, *monsieur* Chapelet. O que houve? — Catherine foi correndo ao encontro do patrão.

— Ah! *Mademoiselle* Carolle, venha cá, por favor. Tenho uma grande novidade para a senhora! Acabo de vender a taverna para o senhor visconde.

— Para o visconde? Mas o que ele fará com a taverna?

— Eu a darei de presente à senhora, *mademoiselle* Carolle. Agora, será a nova dona da taverna.

63

Catherine colocou as duas mãos sobre a boca, num gesto de puro espanto. "A taverna? Minha?". A moça nunca havia pensado em se tornar proprietária, mas, agora que via a oportunidade, ocorria-lhe que poderia fazer muita coisa como dona do estabelecimento.

— Ah! Senhor visconde, como hei de agradecer-lhe?

— Apenas ficando feliz, *mademoiselle*.

Num gesto impensado, Catherine beijou o visconde em ambas as faces, deixando o monsenhor Chapelet e Bertrand observando pateticamente a cena que se desenrolava diante de seus olhos.

O visconde de Lafayette não esperava tamanha demonstração de afeto por parte de Catherine e julgou, então, que realmente fizera um ótimo negócio comprando-lhe a taverna.

No dia seguinte, o visconde chegou à taverna ainda mais cedo que o dia anterior e encontrou Catherine cantarolando alegremente, enquanto supervisionava Bertrand, que pendurava cortinas vermelhas em todo o ambiente.

— Senhor visconde! É uma honra recebê-lo tão cedo! Olhe! Estou alegrando este salão! Gosta das cortinas?

— Gostei imensamente, *mademoiselle* Carolle! Combinam com a nova dona deste lugar e combinarão perfeitamente com o presente que trouxe para a senhora. — Assim dizendo, mostrou a Catherine um belíssimo estojo com um maravilhoso colar de diamantes. — E também mandei fazer isso para a senhora.

O visconte mostrou um belíssimo vestido de seda prateada, que fez Catherine dar um gritinho de satisfação.

A moça vivia longe do castelo havia tempo suficiente para conhecer o mundo e saber das implicações em aceitar tão valiosos presentes do visconde, mas ela não se importava. A vida tirara-lhe tudo: a felicidade, o amor de Bernard, a convivência familiar, e agora Catherine estava disposta a aproveitar as oportunidades que essa mesma vida lhe oferecia, como a compensar o que lhe subtraíra.

Catherine pegou os presentes e correu para o quarto, retornando, pouco depois, vestida com a bela peça e usando o colar de diamantes, que faiscava em seu colo. Prendera os cabelos frouxamente no alto da cabeça, e essa visão formava, aos olhos do visconde, um quadro mavioso.

O visconde estendeu a mão para Catherine e puxou-a, valsando com ela pelo salão deserto e cantarolando uma melodia, sob o atento olhar de Bertrand. Ele sabia que a moça caíra para sempre nos braços do visconde e que o nobre nutria pela jovem uma sincera afeição — e até sentia que Catherine não fosse capaz de retribuir com a mesma intensidade. O coração da moça, contudo, era de Bernard — ele bem o sabia —, e Catherine sentia apenas ternura pelo visconde. Ele poderia fazê-la feliz, e isso era tudo o que Bertrand mais desejava para a jovem.

O visconde continuou presenteando Catherine com roupas, joias, sapatilhas de cetim, o que a fez tornar-se, em pouco tempo, dona de uma pequena fortuna. Era considerada a mais bela mulher de toda a Paris. Homens de toda a cidade e da região iam à taverna apenas para conferir a tão comentada beleza da moça.

Viúvo, o visconde já participava do leito de Catherine e, embora desejasse ardentemente tomá-la por esposa, sabia que uma união desigual jamais seria aceita pela nobreza francesa. A taverna de Catherine tornara-se ponto de encontro dos mais diversos tipos de homens: pensadores e nobres, sem distinção, todos se reuniam naquele lugar, fosse para beberem um bom vinho, fosse para reuniões de intelectuais, fosse apenas para admirarem a beleza da jovem.

Para servir melhor seus fregueses, Catherine, conhecida na taverna como *mademoiselle* Carolle, contratou algumas moças da região sob a seguinte condição: teriam de ser belas e gentis. Essas moças moravam na taverna, que não servia mais de hospedaria, tendo cada uma seu próprio quarto, e não demorou muito para que cada uma tivesse seu admirador.

Além das moças que atendiam no salão, Catherine manteve Aymèe, que cozinhava divinamente bem, tornando a taverna um dos lugares mais procurados da região também por sua ótima comida.

Como Catherine mantinha seu aposento para encontros com o visconde, ela não viu problema em permitir que as moças também recebessem os amantes em seus quartos. E, ao poucos, a taverna passou a ser conhecida como o mais refinado bordel de Paris. As belas moças de Catherine já não mantinham seus quartos apenas para encontros amorosos; haviam se tornado profissionais do prazer. Somente Catherine mantinha um único companheiro: o visconde.

CAPÍTULO 8

Catherine não podia acreditar no que via diante de si. Bernard estava parado a poucos metros dela e olhava-a com desespero! Quanto mais tentava se aproximar dele, mais distante ele parecia. Era como se alguém o estivesse puxando para longe dela. Mas havia aquele olhar... Ele a olhava com mágoa? Ela não saberia precisar. O quê, afinal, representava aquele olhar?

Catherine acordou banhada em suor. Teria sonhado? Bernard! Sim, ela o vira! Não fora sonho; era real demais! O modo como ele a olhava ainda lhe causava arrepios. O que vira naquele olhar? Mágoa, dor, desespero, impotência? Por mais que tentasse, não conseguia saber.

Naquela manhã, Catherine permaneceu no quarto, pretextando uma dor de cabeça para ficar só. As moças de sua casa tudo fizeram para que ela melhorasse: levaram-lhe chás, sugeriram-lhe passeios, mas a moça não se animava. Para Bertrand tampouco podia falar sobre o que acontecera. Ele ainda permanecia fielmente ao seu lado, ajudando-a na administração da casa e mantendo uma paixão secreta por Susanne, uma linda moça que trabalhava para Catherine. Susanne sabia da paixão de Bertrand, e, relação que Catherine apoiava, mas deixaria aquele assunto para ambos resolverem, pois já tinha seus próprios problemas.

Durante todo o dia, Catherine não se levantou. O visconde foi educadamente enviado de volta ao seu castelo, não sem antes demonstrar sua preocupação com o estado de saúde da moça.

Bernard permanecia ao lado do leito de Catherine. O que acontecera com ela? Onde estava aquela doce menina que tanto o amara?

Ele não reconhecia em *mademoiselle* Carolle a querida Catherine. Ela transformara-se em uma mulher linda e exuberante, mas seu coração estava endurecido. A moça tornara-se uma mulher calculista, interesseira, que via as moças de sua taverna fazerem de sua casa um bordel e aplaudia, pensando unicamente no ouro que entrava em quantidades cada vez maiores em sua vida, no luxo da casa, na ostentação. Adorava ver os olhares de admiração dos homens sobre si e, com esse comportamento, afastava Bernard de si, pois, quanto mais endurecido seu coração se tornava, quanto mais mercenária se mostrava, mais se afastava dele. Eles tinham um plano. Deveriam passar por aquela existência, resgatar suas dívidas e se libertar para, enfim, poderem ficar juntos para sempre! Tudo, contudo, dera errado, e Bernard desesperava-se por ver que a cada dia se distanciavam mais.

Quando Pierre o assassinou, Bernard permaneceu algum tempo ligado ao corpo físico, como se estivesse desmaiado devido à violência do ato. Quando voltou a si, um rapaz de sorriso tranquilo olhava para ele. Tinha as vestes brancas e iluminadas e falou alegremente:

— Bernard! Seja bem-vindo!

Bernard ainda estava atordoado e olhou para o desconhecido com estranheza. Pelo que se lembrava, fora atacado por Pierre no castelo de seus pais, mas o lugar em que se encontrava agora não se parecia com o castelo nem com qualquer lugar que conhecia. Agora que olhava com mais intensidade, percebia, contudo, que aquele rapaz não lhe era de todo desconhecido. Lembrava-se dele. Não sabia de onde, mas se lembrava. Achava suas vestes um tanto estranhas, pois nunca, em toda a sua vida, vira alguém se vestir daquela maneira. Pensava que não poderia perguntar o nome do homem sem parecer ofensivo, se era verdade que já o conhecia.

— Por favor... — Bernard pediu. — Poderia me dizer que lugar é este?

— Antes, devo me apresentar. Sou Vitor. Este lugar é o castelo de seu pai. Você não o está reconhecendo, porque agora o vê por outra dimensão. Olhe com atenção e reconhecerá os móveis, o quarto, tudo o que lhe era familiar.

— Como diz? Outra dimensão? Não entendo!

— Você desencarnou, Bernard. Não pertence mais a este mundo que conhece como Terra. Agora vive em outra dimensão, tem uma percepção diferente de tudo que o rodeia.

— O que quer dizer com "desencarnei"?

— Significa que não possui mais um corpo terreno, de carne e osso. Você ainda vive, mas seu corpo agora é mais fluido, mais etéreo e se tornará cada vez mais daqui por diante.

— E Catherine? Nós íamos nos casar! Foi para isso que vim ao castelo de meus pais.

— Catherine permanece na Terra, pois ainda tem uma missão a cumprir. Uma missão que vocês dois quase puseram a perder.

— Que missão? — Bernard estava atordoado.

— Você ainda está enfraquecido, Bernard. Com o tempo, poderei lhe contar tudo. Ainda é cedo. Bernard permaneceu algum tempo (que não soube precisar quanto) acamado, sob os cuidados de um casal de meia-idade que o tratava com enorme desvelo. Mais tarde, acabou sabendo que eram os pais de seu pai, a quem ele não chegara a conhecer. Vitor ia vê-lo todas as tardes, e, depois que Bernard começou a se sentir mais forte, os dois começaram a passear por um lindo jardim a poucos metros da casa onde o rapaz estava se recuperando.

Foi durante um desses passeios que Bernard tomou conhecimento de sua história. Ele e Catherine estavam juntos havia vários séculos, amavam-se com loucura, tanta loucura que, em sua última existência terrena, no ano de 572, na Grécia, o casal passou por cima de tudo para viver a imensidão daquele amor. Por esse motivo, os dois adquiriram vários débitos com muitas pessoas e, quando desencarnaram, tomando conhecimento pleno de todo mal que haviam feito enquanto estiveram no corpo físico, prepararam com carinho a reencarnação na França do século XVIII, rodeados das mesmas pessoas a quem haviam prejudicado na longínqua Grécia.

Quando, no entanto, se reencontraram, todo o plano que haviam traçado para resgatarem seus débitos ficou ameaçado pela intensidade da paixão que sentiam. Catherine e Bernard não se lembravam um do outro, mas a alma imortal dos dois jovens sim. Assim que se viram, não foram capazes de controlar a paixão arrebatadora e a vontade de nunca mais se separarem. O resto, Bernard já sabia. Pierre estava se preparando para desposar Catherine e o assassinara. O que ele ainda não sabia era que, embora o irmão tivesse contraído para si uma dívida enorme quando o assassinou, era ele mesmo quem deveria desposar Catherine, pois, na Antiga Grécia, ele fora Stratvos, o marido traído de Cassandra, agora conhecida por Catherine. Cassandra aliara-se ao seu amante Ilinus para envenenar Stratvos para que pudessem viver aquela paixão alucinante.

 Quando chegou ao plano espiritual e procurou por Cassandra, Ilinus, agora Bernard, descobriu que o ato por eles cometido era horrível demais aos olhos de toda a humanidade e que, se quisessem de fato, poder viver um amor transcendental e em paz, deveriam reencarnar juntamente com Stratvos e ele, Ilinus, deveria devolver Cassandra ao seu marido, no corpo físico de Pierre, para que ela pudesse ajudá-lo a vencer suas más inclinações, o que deveria ter feito quando encarnou na Grécia nos anos 500. Depois de cumprir a tarefa que deixara inacabada na Grécia, Cassandra e Ilinus poderiam viver juntos e em paz para sempre. Essa existência na França também os ajudaria a lapidar o espírito, desenvolvendo neles a capacidade de abnegação, a paciência e a capacidade de se sacrificarem em nome do próximo, porém, embora tivessem muita vontade de reparar seus erros e os amigos também houvessem prometido ajudá-los, entre eles o próprio Vitor, que ficaria no plano espiritual, mas auxiliando Bernard a cumprir sua missão, quando o casal se reencontrou não teve forças suficientes para cumprir seu papel.

 Bernard estava disposto a se unir em matrimônio com Catherine, que, por sua vez, ao saber que perdera o

71

amado, fugiu de Pierre, não cumprindo, mais uma vez, a missão a que se propusera. Se os dois soubessem que, agindo assim, se distanciaram ainda mais pelos séculos advindos, teriam tido, quem sabe, forças e capacidade de abnegação suficientes para seguirem o caminho, sem dúvida mais difícil, mas que os uniria eternamente. Cegos de paixão, contudo, não escutaram a voz de seus amigos espirituais e fecharam-se a qualquer conselho. Somente a baronesa sentia, em seu íntimo, as vibrações daqueles amigos espirituais que queriam ajudar Catherine e Bernard, porém, fora impotente.

Agora, Bernard desesperava-se por ver que Catherine, longe de cumprir na Terra a missão a que se propusera, estava adquirindo ainda mais débitos e, com isso, distanciando-se dele cada vez mais. Ele recusava-se a ir para a colônia aonde Vitor queria levá-lo. Lá, dizia Vitor, Bernard se recuperaria e se aprimoraria para continuar seu caminho espiritual em busca da sua própria evolução, contudo, o rapaz queria permanecer ao lado de Catherine e só aceitaria ir embora no momento em que ela desencarnasse também, pois, assim, ficariam juntos.

— Não, Bernard — dizia Vitor. — Vocês dois não ficarão mais juntos. Fizeram tudo errado e terão de passar por mais provas se quiserem ser eternos companheiros. Venha, Bernard. Cuide de você e depois, quando estiver mais forte espiritualmente, poderá visitar Catherine e, quiçá, ajudá-la.

— Não! Ficarei aqui. Meu lugar é ao lado de Catherine — falava teimosamente o apaixonado Bernard.

Vitor sabia que não poderia forçá-lo, afinal, ele tinha o livre-arbítrio. Se Bernard não queria seguir seus conselhos, ele poderia, na melhor das hipóteses, permanecer em alerta para ir em seu auxílio quando o rapaz quisesse e *se* quisesse.

Naquela noite, Catherine não conseguiu conciliar o sono. Nos curtos momentos em que cochilou, viu a sombra de Bernard olhando para ela em desespero. Catherine, então, sentou-se sobressaltada na cama e não viu mais nada. Chorou, arrancou os cabelos numa angústia profunda e, exausta, cochilou novamente e avistou Bernard. Assim foi durante toda a noite. Quando amanheceu, ela tinha profundas olheiras. Susanne, que fora ao quarto logo cedo para saber sobre a saúde da amiga, preocupou-se ao ver o estado em que se encontrava Catherine.

— Não quer se abrir comigo, minha querida? Sei que algo muito grave deve estar acontecendo com você.

Catherine olhava angustiada para Susanne. Precisava contar para alguém o que estava acontecendo ou enlouqueceria. Depois de deitar a cabeça no colo da amiga, começou a falar. Contou tudo: desde sua vida no castelo do pai, o encontro com Bernard, a fuga e, agora, as visões que tinha de seu amado.

— Pobre Carolle, como deve ter sofrido e ainda deve estar sofrendo! — dizia Susanne suavemente, enquanto lhe acariciava os cabelos. — Não sei como ajudá-la, minha amiga, mas creia que sempre estarei ao seu lado.

— Obrigada! — Catherine beijou a amiga na face. — Já me ajuda muito só em me ouvir e guardar meu segredo.

Naquela noite, Catherine disse ao visconde que precisava falar-lhe. Era-lhe muito grata por tudo, mas não conseguiria mais se deitar com ele. Não com Bernard a visitar-lhe constantemente em sonhos! O visconde ficou triste, mas não se aborreceu com Catherine. Nos últimos tempos, ela lhe dera mais do que ele poderia esperar e o visconde sabia que ela, embora lhe tivesse muito afeto e consideração, não o amava. Entendia perfeitamente que Catherine não o quisesse mais e considerava-se feliz por tê-la tido nos braços, ainda que por um breve tempo.

Catherine chorava. Não queria magoar o visconde, mas não poderia mais continuar ao lado dele. Ela chorou mais ainda quando ele entregou em suas mãos uma chave e disse:

— Querida Carolle, essa chave é de uma casa que lhe comprei e é onde quero que more de agora em diante. Por favor, aceite. Não é muito confortável dormir e morar no mesmo lugar onde trabalha. Lá fora, uma carruagem está à sua espera. Mande descer seus baús e vá agora mesmo. Mandei que minha criada de confiança fosse para a mansão e passasse a servi-la a partir de hoje. Terá também uma criada de quarto particular. Enfim, minha querida, você terá uma vida digna de sua beleza.

Catherine não achava que deveria aceitar aqueles presentes, afinal, não seria mais amante do visconde. Ele, contudo, insistiu tanto que ela não viu mais razão para não aceitar, pois, a cada dia, se tornava uma mulher mais inescrupulosa.

Depois de despachar os criados do visconde com seus baús, Catherine entrou na carruagem que o antigo amante disse ser sua a partir daquele momento e foi para sua nova casa.

Ao chegar ao local, Catherine ficou deslumbrada. A mansão ficava no alto de uma colina muito verde, cuja estrada de acesso principal era ladeada de árvores. Anette, a nova criada de Catherine, a esperava à porta principal. Os criados do visconde já haviam levado os baús, enquanto a antiga criada de confiança do visconde ia, solícita, ao seu encontro:

— Seja muito bem-vinda, *mademoiselle* Carolle! Esperamos que a senhora seja muito feliz em sua nova residência! Eu me chamo Louise e estou aqui para servi-la junto com Anette, sua criada particular. E permita-me dizer, *mademoiselle*, que meus olhos jamais pousaram em criatura tão linda quanto a senhora!

Encantada com o elogio, Catherine sorriu, enquanto subia as escadas e entrava na mansão. O *hall* de entrada era maravilhoso, o salão principal era belissimamente decorado com lustres de cristal e com um piano de cauda, ao qual Catherine imediatamente se sentou, pondo-se a tocar uma alegre melodia. No andar de cima do casarão ficavam os aposentos da moça, cuja sacada dava para um lindo jardim. A cama com dossel ficava oculta por cortinas de cor azul royal e tinha detalhes dourados. Havia também uma confortável poltrona dourada ao lado da cama, e Catherine não pôde deixar de pensar que adoraria se sentar ali durante tardes preguiçosas. A casa inteira era maravilhosa, e ela se sentia imensamente grata ao visconde, que tudo preparara para ela.

— Vou preparar-lhe um banho, *mademoiselle* — disse Anette, prestativa, enquanto abria um dos baús e de lá tirava um vestido leve de seda azul para sua senhora.

Depois de se instalar na mansão, Catherine, perfumada e descansada, desceu até o salão de jantar para saborear os deliciosos pratos que Louise havia preparado. Sentia-se quase feliz. Somente não o era totalmente porque a visão de Bernard ainda a perturbava. Ela ansiava por vê-lo novamente, mas o que via no olhar do rapaz lhe causava uma enorme angústia. Sentia medo de dormir, o que poderia fazer? Poderia pedir a Anette para ficar com ela, mas não era comum aquele tipo de atitude. A criada poderia estranhar e, embora soubesse que o visconde não seria capaz de mandar-lhe uma criada pessoal que não fosse da mais absoluta confiança, Catherine ainda não conhecia Anette suficientemente para permitir-se tamanha intimidade.

Já sabia o que fazer! Simplesmente não dormiria! Arranjaria o que fazer na taverna! Assim pensando, chamou Anette para ajudá-la a vestir-se. Sentia falta do conforto de ter alguém a ajudando enquanto se vestia e penteando-lhe os cabelos, pois fazia já muito tempo que fugira do castelo do barão.

CAPÍTULO 9

    Vestida com primor, Catherine subiu na carruagem e ordenou ao cocheiro que a levasse à taverna. Ao chegar, o movimento já estava grande. Nobres de todas as idades formavam grupos animados ao redor de grandes canecos de vinho, encantados com a beleza das meninas. Quando Catherine chegou, um murmúrio de admiração ecoou no ambiente. Ela entrou altiva, olhando calmamente para todos aqueles homens que a encaravam estáticos, pediu uma caneca de vinho e falou alto:
    — Mais música!
    Enquanto a música se tornava mais alegre, Catherine passava de mesa em mesa fazendo brincadeiras com os fregueses. Ela esvaziou a caneca que tinha nas mãos e pediu outra. Depois da terceira caneca, bateu palmas e pediu atenção.
    — A partir de hoje, farei um número especial todas as noites. Quero que toquem uma música alegre e alta e que todos batam palmas ao compasso da música. Bertrand! Por favor, dê-me sua mão.
    Assim dizendo, afastou uma cadeira e, segurando na mão de Bertrand, subiu em uma das mesas enquanto ordenava:

— Música!

A música voltou a tocar alegre, e Catherine, para espanto e deleite dos homens do lugar, começou a dançar em cima da mesa. Ela rodopiava e levantava a saia até os joelhos, deixando à mostra suas pernas bem torneadas. Agindo assim, ela pensava, a noite passaria rapidamente sem que tivesse seu sono invadido pela figura de Bernard. Enquanto dançava, os homens batiam palmas no compasso da música enquanto gritavam:

— Carolle! Carolle!

Um dos nobres, então, chegou perto da mesa e a pegou nos braços, saindo a dançar pelo salão. Os demais nobres fizeram a mesma coisa com as outras moças. Bertrand olhava estupefato para a cena que se desenrolava diante de seus olhos. "Onde Catherine está com a cabeça? Perdeu de vez o juízo?", perguntava-se, enquanto olhava tristemente para Susanne, que dançava nos braços de um homem gordo. Não suportando mais ver tal cena, afastou-se dali. Necessitando ficar só, saiu pela noite enluarada, percorrendo as ruas de Paris.

Enquanto isso, Catherine subia para seu quarto com o marquês de Montpellier, deixando para trás o medo de dormir. Naquela noite, não dormiria e, quando chegasse à sua casa pela manhã, estaria exausta pelo vinho e pela dança e cairia num pesado sono. Dormiria pesadamente durante todo o dia e, ao cair da noite, iria novamente para a taverna.

O marquês de Montpellier estava fascinado com Catherine. Nunca, em toda a sua vida, tivera nos braços uma mulher mais linda, doce e mais arrojada! Apresentando-se como Carolle, ela fez dele o mais feliz dos homens.

O marquês estava disposto a tudo para ficar eternamente ao lado de Catherine. Ao diabo com sua mulher, seus filhos, a corte! Não voltaria a Versailles! Tudo daria para aquela mulher maravilhosa! Todas as joias do mundo não seriam suficientes para enfeitar seu belo corpo. Ela era sua e assim seria para sempre!

Catherine sabia que o marquês estava perdidamente apaixonado por ela e deliciava-se com isso. Como era bom ter um homem aos seus pés! Ordenou às criadas que a acordassem se o marquês a procurasse, pois queria deixá-lo inebriado de paixão.

No fim da tarde, Anette chamou-a com suavidade, dizendo-lhe que o marquês estava no salão à sua espera. Com a ajuda da criada, Catherine vestiu-se e, lindamente penteada, usando um vestido de seda branco, desceu ao encontro do marquês.

— Carolle! Minha querida Carolle! Como fico feliz em vê-la! — O marquês levantou-se e beijou as mãos de Catherine.

Catherine sorriu amavelmente e demonstrou surpresa quando o marquês a presenteou com um rico colar de esmeraldas e diamantes, embora o presente não a surpreendesse. Já esperava por essa demonstração de afeto.

Esse foi o primeiro de vários dias e muitas noites em que Catherine encantou o marquês de Montpellier, que passou muito tempo sem ir a Versailles. Os mexericos no palácio davam conta de que uma mulher maravilhosa o enfeitiçara, e o próprio rei estava interessadíssimo em saber quem era a formosa mulher que lhe roubara um de seus mais fiéis cortesãos.

Em uma tarde fresca, uma carruagem desconhecida parou à porta da mansão de Catherine, e uma mulher franzina desceu do veículo, acompanhada de uma amiga e uma criada. Louise foi ao encontro das visitantes, e a mulher pediu para falar com Carolle.

Catherine fitou Anette com estranheza, quando a criada veio dizer-lhe que havia uma mulher desconhecida querendo falar-lhe. Não estava acostumada a receber visitas de mulheres, fossem elas conhecidas ou desconhecidas, então, arrumou-se com esmero e desceu as escadas disposta a passar a mensagem de que ela era a dona da situação e ofuscava a todos com sua graça e beleza.

A visitante olhou para a escada com fascinação. Ouvira falar da beleza da amante do marido, porém, não imaginava que fosse tão bela! Agora conhecia a mulher por quem o marquês estava caído de amores. Sentindo que com tal rival não teria a menor chance, a franzina mulher apresentou-se:

— Sou a marquesa de Montpellier e vim até aqui para dizer-lhe que se afaste de meu marido! — falou com altivez e com uma segurança que estava longe de sentir.

— Ora, ora! Então se acha no direito de vir até a minha casa para insultar-me? Não fui eu quem procurou seu marido. Foi ele quem veio até a mim! Não tenho culpa se a senhora não é capaz de mantê-lo em casa! Se fosse mais cheia de atributos, talvez o conseguisse, mas... — Catherine olhou-a com desprezo. — Vejo que é praticamente impossível, dada a sua aparência!

Dizendo isso, Catherine saiu do salão com a cabeça erguida, subindo novamente as escadas e deixando uma marquesa inconsolável nos braços de sua amiga.

Bernard assistia a tudo em desespero. "Catherine não pode agir dessa maneira! Está destruindo um lar! O marquês e sua esposa têm uma missão a cumprir juntos, e ela os está atrapalhando!".

— Catherine! Por favor, ouça-me, minha amada!

— Ela não pode ouvi-lo, Bernard. — Vitor apareceu ao lado do amigo. — Fechou-se à sua comunicação. Não pode mais ouvi-lo nem sequer vê-lo em seus sonhos.

— Não posso me conformar. Vitor, por favor, ajude Catherine!

— Catherine tem seu espírito protetor, mas também se recusa a ouvi-lo. Bernard, as pessoas têm livre-arbítrio, não podemos forçá-las! Se Catherine desse mais valor à sua vida espiritual, nós poderíamos nos comunicar com ela, mas a moça só se preocupa com joias e prazeres mundanos! Não somos capazes de fazê-la nos ouvir!

Em soluços, Bernard afastou-se um pouco. Não a abandonaria, mas sentia-se muito infeliz ao saber-se desprezado por Catherine. Até tentava entendê-la, pois sofrera muito, contudo, não era necessário que se embrenhasse por aquele caminho tenebroso!

Quando entrou em seus aposentos, Catherine estava furiosa. Quem aquela mulher pensava que era? Agora sim, faria tudo para manter o marquês agarrado a si. Não era somente pelas joias e pelo prazer de ter um homem jogado aos seus pés, mas para mantê-lo afastado daquela mulher odiosa.

Catherine chamou Anette, arrumou-se com primor e subiu na carruagem rumo à taverna. Chegou lá ainda mais decidida que naquele primeiro dia em que dançara sobre a mesa.

— Vinho e música!

E, enquanto recebia uma caneca de vinho, pôs-se em cima da mesa e começou a rodopiar no ritmo da música, mostrando sensualmente as pernas bem torneadas e arrancando aplausos dos fregueses entusiasmados.

O duque Louis de Orléans, que, pela primeira vez, saía da reclusão a que se impusera desde que, em 1730, fora dispensado da patente de coronel-general de infantaria pelo cardeal Fleury, olhava para Catherine com fascinação e, tão logo pôde chegar perto da mesa sobre a qual ela rodopiava, ele, a exemplo do marquês de Montpellier, agarrou-a pela cintura e saiu dançando pelo salão.

Catherine ficou animadíssima quando reconheceu na figura de seu par o duque de Orléans, pois sabia de seu parentesco com o rei e queria tirar o maior proveito possível daquela situação.

Todos já sabiam como aquela noite acabaria, pois o duque não estava disposto a abrir mão de passar o resto da noite com a charmosa dona da taverna.

O marquês de Montpellier chegou por trás de Catherine, querendo arrancá-la dos braços do duque, porém, ela lhe disse coquetemente:

— Ah! Meu querido, por favor, deixe que eu me divirta um pouquinho com o duque. Amanhã, prometo-lhe que o receberei em minha casa e lá poderemos ficar tranquilamente, sem que ninguém nos incomode.

Embora desgostoso por não ser mais o único amante de Carolle, o marquês teve de se conformar, pois preferia dividi-la com o duque a não tê-la nunca mais em seus braços.

Catherine foi dividindo sua vida entre o marquês e o duque, recebendo-os em sua casa e recebendo também seus valiosos presentes, ficando mais rica a cada dia.

A duquesa Augusta, nascida Augusta de Baden Baden, esposa do duque de Orléans, também foi se humilhar perante Catherine. Abatida e adoentada desde que o marido se encantou por Carolle, ela pensou que pudesse despertar na rival algum sentimento de piedade quando lhe falasse de sua grande dor. Catherine, contudo, riu-se da duquesa, mandando-a embora da mesma maneira que fizera com a marquesa de Montpellier. Afinal, o que essas mulheres pensavam? Que ela, Catherine, andava atrás de seus maridos? Ora essa! Eram eles que andavam atrás dela! Só o que fazia era aceitar-lhes a companhia! Se aquelas mulheres não conseguiam prender seus maridos à barra de suas saias, o que tinha ela com isso?

Essa era a maneira que Catherine encontrava de justificar seus atos. Em Versailles, a figura de *mademoiselle* Carolle era odiada pelas mulheres e povoava os sonhos e as mais secretas fantasias dos homens.

O tempo ia correndo célere até que, em uma manhã fria, Catherine acordou adoentada. A cabeça rodava, e fortes enjoos obrigaram-na a permanecer em repouso. O cheiro do desjejum, que antes tanto a agradava, era-lhe insuportável. Fraca, ela mandou sua carruagem até a taverna para buscar Susanne, pois precisava de uma companhia amiga.

Quando Susanne chegou, ficou assustada com a palidez da amiga. Jamais vira Catherine daquele jeito, nem quando ela ficara adoentada quando sonhou com Bernard.

— Minha querida amiga, como se sente?

— Mal, Susanne. Não posso me levantar, pois me sinto tonta. Não aguento o cheiro de alimentos cozidos. Parece que meu estômago vai saltar pela garganta. O que será que tenho de mal, meu Deus?

— Catherine... — Susanne falou pensativa — Quando foi a última vez em que teve seus incômodos?

— O que pergunta? Não faz muito tempo. Creio que na última lua cheia. Não, espere. Não foi na última lua cheia. Os acontecimentos dos últimos tempos estão me absorvendo em demasia e não percebi que já faz mais de duas luas cheias, pois esses incômodos sempre me vêm na lua cheia. Faz mais de duas luas que não os tenho. O que quer dizer? Meu Deus! Não!

— Parece que sim, minha querida. Você vai ter um bebê. O que pensa em fazer?

— Não posso ter um bebê! Um filho sem pai? Um bastardo?! Não tenho nem ao menos certeza de quem é o pai, pois tanto pode ser o duque quanto o marquês!

— Pobre amiga! Está certa de que não quer a criança? Não se arrependerá?

— Como posso querer? Um filho nascido de um ato sem amor! Ainda se fosse de meu querido Bernard! Não! Não posso aceitar um filho de um homem a quem me entreguei sem amor! Falaremos com Aymèe. É ela quem socorre as moças na taverna, não é, Susanne? Certamente, terá alguma beberagem que me livrará dessa criança indesejável.

— Catherine, NÃÃÃOOO! — Bernard gritou, sem, contudo, ser ouvido por ela. — Não estrague ainda mais sua vida! — ele soluçava, enquanto Vitor tentava acalmá-lo:

— Bernard, se aquiete! Você nada pode fazer! Catherine não quer nos ouvir!

— Vitor, ela não pode ter mais esse débito! Já está muito comprometida! E nossa vida juntos? A cada ato, ela se separa mais de mim!

— Ela não sabe disso, Bernard. Se soubesse, certamente agiria diferente.

— Não há um meio de fazê-la saber?

— Infelizmente, não. Se fosse mais receptiva aos conselhos de seus amigos espirituais, poderia sentir-lhes as vibrações e, intuitivamente, agir da maneira correta, porém, está muito presa aos valores mundanos para ter contato com o plano espiritual.

Nada podendo fazer por sua amada, Bernard afastou-se, acompanhado de Vitor. Ah! Se Catherine soubesse! Ela, contudo, de nada desconfiava, tanto que mandara Susanne buscar Aymèe e lhe contar suas suspeitas, assim, a cozinheira poderia vir já com a beberagem pronta.

Não tardou muito, e Susanne chegou acompanhada de Aymèe. A cozinheira entregou a Catherine uma bebida amarga, que lhe causou ainda mais enjoos, e disse:

— Isso vai resolver, *mademoiselle* Carolle. Não há nada que resista a esse chá de ervas e fel de boi.

Embora estivesse realmente mal, Catherine agradeceu o chá e mergulhou num sono profundo. Acordou horas mais tarde sentindo um líquido quente escorrer por suas pernas. Ela chamou Susanne, que veio correndo. Ao ver o que acontecera, Susanne correu a buscar Anette para ajudar Catherine a se banhar. Enfim, tudo se resolvera. Esperava que a amiga estivesse bem, pois achava que, por mais desumana que ela fosse, não sairia imune daquela experiência.

À medida que o tempo foi passando, o número de amantes de Catherine foi se multiplicando e livrar-se daquele tipo de "incômodo" tornara-se natural para ela. Assim que percebia os primeiros sinais, ela procurava Aymèe e tomava uma dose de seu chá. Na primeira vez, chegou a sentir um pouco de remorso, mas, à medida que a prática foi se tornando rotineira, o remorso que sentia também acabou. Ela desfazia-se de seus bebês como se fossem lixo e não se importava com isso nem pensava muito no assunto.

CAPÍTULO 10

Um dos amantes de Catherine, o conde d'Anjour, apaixonado que estava e não resistindo à ideia de apresentá-la à corte, mesmo sabendo que correria o risco de que muitos outros homens disputassem a atenção de sua amada, levou-a a Versailles. A formosa dona da taverna era, para o conde, um troféu magnífico, que ele se comprazia em mostrar a todos.

Logo em seu primeiro dia em Versailles, Catherine percebeu a hostilidade das mulheres da corte. Nenhuma delas se sentia confortável em ter tão perto aquela que consideravam uma meretriz usurpadora de maridos. A própria favorita do rei, madame de Pompadour, não se sentia em posição muito favorável quando Catherine estava presente. Filha de um secretário de finanças, Jeanne-Antoinette Poisson atraíra a atenção do rei e logo se converteu em sua amante oficial, com o título de marquesa.

Madame de Pompadour era, em Versailles, mais importante que a própria rainha. Entusiástica mecenas, a marquesa influenciava fortemente o rei, sobretudo na área de política externa, e, apesar do ódio das zelosas cortesãs, reinava absoluta no coração do rei, que gastava com ela enormes quantias de dinheiro.

A favorita achava que o rei ainda não vira Carolle, uma vez que a indesejável mulher não tinha os privilégios necessários de se sentar em um *tabouret*, um banquinho dobrável que permitia às duquesas e princesas sentarem-se na presença dos soberanos e que era uma das honras mais procuradas.

Catherine também não participava da cerimônia do "despertar de Suas Majestades", em que todos os cortesãos de maior importância, junto com os príncipes e as princesas de sangue real, se faziam presentes. A rainha também já ouvira mexericos sobre a nova dama e, sabendo do gosto do rei por mulheres bonitas, achava que não demoraria muito até que Sua Majestade também se encantasse por ela.

Catherine foi, aos poucos, observando que Versailles era o núcleo do poder e do patrocínio cortesão, no qual nobres matreiros competiam pelos favores do rei, disputados quase a tapas, e quem os obtivessem deveria fazer tudo para manter sua posição. Bastava, porém, um simples mexerico para que a pessoa caísse em desgraça, perdendo os favores reais para outro cortesão em ascensão. Era necessário, pois, estar vigilante, observar quem estava em desgraça e, principalmente, quem estava em ascensão, tornar-se sua amiga e fazer tudo para conseguir seus próprios privilégios.

Fazia já algum tempo que Catherine frequentava Versailles, quando saiu para um passeio nos jardins do palácio. Após uma caminhada, parou para admirar a belíssima Fontaine Du Bassin d'Apollon, na qual o deus Apolo é representado em uma enorme escultura dourada emergindo da água com a face voltada para o sol nascente, em seu carro puxado por quatro cavalos e rodeado por quatro tritões e quatro peixes, pronto para realizar sua volta ao redor da Terra. Essa era apenas uma das mil e quatrocentas belas fontes projetadas pela família de engenheiros de canais Francine, que adornavam os jardins do palácio. Catherine olhava a fonte embevecida, imaginando como a cultura grega aparecia em todos os lugares, tornando-se a última moda naqueles tempos em que o gosto "à grega" influenciava as artes e também os costumes da época. Perdida em seus pensamentos, ela também se perguntava por que se sentia tão fascinada pela Grécia, sendo que pouco contato tivera com a cultura grega durante seus parcos estudos, quando ouviu muito perto de si uma voz:

— Muito bela! — Catherine ouviu uma voz firme atrás de si e, quando se virou, ficou surpresa ao encontrar ninguém menos que o próprio rei, milagrosamente solitário, envergando um casaco de tafetá amaranto com bordados singelos, mas realçado pela beleza das rendas da gravata e dos punhos.

— Majestade! — Catherine, inclinando-se, executou sua primeira grande reverência do dia. O rei, aproximando-se, tomou-a pela mão e levantou-a:

— Não aqui! Deixe os protocolos e as etiquetas para dentro do palácio ou para quando houver cortesãos por perto. Por acaso é alguma ninfa em fuga? Não temos lembrança de pousar os olhos em tão linda dama em Versailles.

Catherine, que nunca conversara com o rei da França, não sabia que ele se referia a si próprio na primeira pessoa do plural: nós.

— Não faz muito tempo que frequento Versailles e não creio que Vossa Majestade já tenha pousado seus augustos olhos em minha pessoa, pois não possuo título de nobreza para me sentar em um *tabouret* aos vossos pés.

— Minha cara dama... — o rei pareceu não se importar com a ousadia de Catherine —, nós não queremos nos privar da visão de tão suave beleza. Sossegue. Tomaremos as providências necessárias. Apenas nos diga seu nome.

Catherine jogou-se ao chão e, ajoelhando-se, beijou as mãos do rei:

— Oh! Vossa Majestade não imagina como me fez feliz! Sou Carolle, sua criada.

— Madame Carolle, nosso dia se iluminou com a visão de sua formosura.

Com essas palavras, o rei afastou-se em direção a um local dos jardins mais distante dali, onde vários cortesãos esperavam sua augusta presença para dar início a mais uma caçada.

Naquela mesma tarde, quando todos se reuniram no grande salão ao redor do rei, um jovem senhor do séquito do rei inclinou-se diante de Catherine.

— Sua Majestade faz lembrar à madame Carolle que conta, sem falta, com sua presença na caçada de amanhã, à primeira hora.

— Agradeça à Sua Majestade — disse ela, rígida de emoção. — E assegure-lhe que somente minha morte poderia impedir-me de estar presente.

— Sua Majestade não deseja tanto, senhora — murmurou o jovem.

O brilho do favor começava a envolver Catherine, o que despertou a fúria das damas da corte e da própria rainha.

— O que essa meretriz fez para conseguir tamanha honra? — a princesa Charlotte sussurrou aos ouvidos da rainha.

A rainha, acostumada com os favores que o rei dispensava a algumas damas desde os tempos de Madame de Châteauroux e agora com Madame de Pompadour, mal pronunciou palavra, limitando-se a olhar para o lado contrário ao que Catherine se encontrava.

As outras damas da corte entreolhavam-se cheias de inveja, desejando estar no lugar daquela que era odiada por elas com todas as forças. Madame de Pompadour olhava com desprezo e inveja para Catherine, que, por sua vez, era objeto dos olhares de admiração e cobiça dos homens da corte. Conde d'Anjour, amante de Catherine, fitava-a embevecido, satisfeito com a honra que ela acabara de receber.

À medida que o tempo foi passando, Catherine aprendeu as regras de etiqueta na corte. Como filha de barão, ela era uma dama de qualidade e poderia sentar-se na corte, no ladrilho ou até sobre um *tabouret*, desde que Suas Majestades não estivessem presentes, contudo, como ninguém sabia de sua linhagem, ela deveria manter-se de pé, pois, como *mademoiselle* Carolle, qualquer nobre teria uma posição superior à sua. Entretanto, havia toda espécie de regras e exceções. Ah! O direito ao *tabouret*! Obtê-lo era o sonho de cada um, sobretudo, de cada uma.

O *tabouret* era sinal de alta linhagem ou de grande favor. Tinha-se direito a ele quando se fazia parte da casa da rainha ou do rei, mas havia também os pretextos, como o jogo, por exemplo. Se a pessoa estivesse jogando, podia ficar sentada, mesmo diante dos soberanos. Se fizesse trabalhos com a agulha também. Era preciso ao menos ter nas mãos alguma coisa que se fizesse pensar em uma ocupação. Algumas mãos presumidas se contentavam em ter um laço de fita nos dedos. Muitas pessoas, sabendo desse detalhe, procuravam ansiosamente uma mesa de jogo ou algum trabalho manual a ser feito.

Catherine não se dava conta do quanto sua ascensão estava sendo perigosa para sua própria segurança. Madame de Pompadour não estava disposta a perder o favoritismo de Luís XV e faria tudo para tirar de seu caminho a nova rival. A Condessa d'Anjour, envergonhada e reclusa em seu castelo desde que seu marido começou a ser visto abertamente com Madame Carolle (assim chamada depois da explícita atenção do rei para com sua pessoa) também jurara sua morte. Enquanto isso, Bernard, antevendo os acontecimentos precipitados pelas atitudes impensadas de Catherine, sentia-se pior a cada dia, vendo sua amada perder-se em falsas ilusões, centrando seus pensamentos apenas em joias, vestidos e amantes.

Madame Bergeron, a costureira das damas da corte, andava com o tempo justíssimo, tamanho o número de encomendas de Catherine. O cabeleireiro real, Sieur Étoile, que também cuidava dos cabelos de algumas cortesãs privilegiadas, criava penteados exclusivos para os cachos dourados de Catherine. Quem olhasse para ela, coberta de diamantes, envolta em finíssimos e decotadíssimos vestidos, com os cabelos artisticamente armados por Sieur Étoile e uma mosca coquetemente colocada na face direita à moda de Versailles, jamais reconheceria nela a doce filha do barão d'Auvernay.

Bernard desesperava-se ainda mais exatamente por não reconhecer em Madame Carolle sua doce e querida Catherine. Em vão, tentava falar-lhe, pois ela não mais se permitia vê-lo em sonhos, abafada que estava em seu mundo superficial. Para Bernard, somente era possível esperar o desenrolar dos acontecimentos e ele sentia que não seriam acontecimentos bons.

A situação tornou-se insustentável quando Catherine foi honrada por Sua Majestade com o título de Duquesa de Vigny. Aos olhos dos demais cortesãos, ela nada fizera para merecer tal título e, com ele, o privilégio de ter um *tabouret*.

Junto com o título de nobreza, Catherine ganhou no palácio um apartamento com treze cômodos e, na porta, o famoso "PARA", ou seja, "Para a Duquesa de Vigny", honra essa destinada a poucos. Obter um apartamento em Versailles e, sobretudo com o "para" diante do nome, era um favor que muitos cortesãos dariam toda a sua fortuna para conseguir. Assim, Catherine não precisava mais se deslocar de Paris para os festejos e correr o risco de chegar atrasada a algum acontecimento real.

Madame de Pompadour tinha certeza de que o rei partilhava o leito de Catherine, agora Madame de Vigny, caso contrário, como ela conseguira um título de nobreza e o apartamento no palácio? A rainha quase tornou pública sua insatisfação, não obstante toda a corte saber que seu pai, Estanislau I, rei da Polônia, fora destronado vinte e quatro horas após ter sido coroado e que ela somente se tornara rainha da França devido à forte influência do Duque de Bourbon.

Era de domínio público que, no passado, o duque regente, junto com sua amante, a marquesa de Prie, tramara intrigas na corte de Versailles, levando o jovem Luís XV, então com 15 anos de idade, a desposar Maria

Leszczyńska, princesa da Polônia, sete anos mais velha, somente por medo de que alguma princesa rica, bela e dominadora viesse a tomar influência sobre o rei.

Ao saber da insatisfação da rainha, Catherine deu uma sonora gargalhada e repetiu a frase que todo o palácio ouvia a respeito da rainha:

— Ora, ora, ora! O que pensa essa filha de rei destronado que poderá fazer contra mim?

Catherine subestimava o poder de uma mulher despeitada. Julgava-se protegida pelo favoritismo do rei e pela admiração dos demais cortesãos, porém, nesse caso em especial, havia não somente uma, mas pelo menos cinco mulheres que desejavam sua morte, e, certamente, pelo menos uma delas levaria adiante seu projeto.

Numa tarde, passando pela maravilhosa Galeria dos Espelhos, Catherine cruzou com o rei e com sua comitiva. Ela, então, inclinou-se profundamente ao receber um terno olhar de Sua Majestade e continuou a andar alegremente rumo apartamento que passara a ocupar no palácio. No enlevo de sua satisfação, não viu um olhar malicioso que a acompanhou e não imaginou que o modo como o rei a olhara seria comentado em toda a corte.

Não bastasse o fato de passar a ocupar um apartamento no palácio, ainda havia o olhar de Luís XV naquela tarde, provocando nas mulheres da corte um sentimento de despeito e insatisfação, que levava a um ódio cada vez mais profundo por Catherine.

A cada dia, a segurança de Catherine estava mais ameaçada, e somente ela parecia não se dar conta de tal situação. Preocupava-se somente com jantares reais, vestidos novos de Madame Bergeron, criações exclusivas de Sieur Étoile para sua formosa cabeça e joias riquíssimas oferecidas pelos cortesãos que desejavam mais do que a simples atenção da Duquesa de Vigny.

A situação agravou-se quando, em um banquete real, Catherine apareceu coberta por um maravilhoso e decotadíssimo vestido dourado, tendo em volta do pescoço uma linda gargantilha de diamantes e com os cabelos salpicados de minúsculas estrelas brilhantes. A Duquesa de Vigny foi, mais uma vez, alvo de atenções públicas de Sua Majestade durante todo o banquete.

— Ainda não a felicitamos por seu traje — Catherine ouviu a voz do rei. — É uma maravilha que não se iguala senão à sua beleza.

— Agradeço à Vossa Majestade.

Catherine mergulhou numa reverência, e o rei inclinado, com o pé curvado, beijou-lhe a mão.

O ódio de Madame de Pompadour, da rainha, da Condessa d'Anjour, da princesa Charlotte e das demais cortesãs começou a transbordar. Catherine nada percebeu naquela noite, ao dormir serena, certa de que o favoritismo real a livraria de todos os possíveis ataques.

Na manhã do dia seguinte, enquanto passeava nos jardins do palácio, duas mãos fortes agarraram-na, uma delas tapando-lhe a boca e impedindo-a de gritar. Catherine foi amordaçada e carregada como um colchão de penas entre os arbustos fechados e, no instante seguinte, já estava fora dos portões do palácio. Horrorizada, ela pensava que ninguém sabia de seu passeio e demoraria muito tempo para que alguém desse falta de sua presença. O rei só perceberia sua ausência muito tarde, quando seu *tabouret* estivesse vazio. As mulheres da corte, naturalmente, nada falariam, pois a saída de Catherine da corte era seu maior sonho. Estaria perdida para sempre? Agora pensava em Bernard, pois, se morresse, poderia, enfim, encontrar seu grande amor. Nunca o esquecera, embora sua vida desregrada assim o demonstrasse. Bernard sabia que Catherine estava perdida e que seu desencarne estava próximo, porém, sofria por saber que as atitudes dela a haviam afastado dele sobremaneira. Não ficariam juntos agora, e ele nem sequer sabia se ainda haveria chance de tal coisa acontecer.

Catherine foi jogada no fundo de uma carroça e, depois de andar durante aproximadamente quarenta minutos, viu-se dentro de uma espécie de embarcação, que se afastava lentamente e descia o rio Sena. Após algumas horas, com as mãos e os pés amarrados, machucada e sedenta, ela foi carregada novamente como um fardo sobre os ombros rudes de um marinheiro. Para onde seria levada? Ele estava subindo uma encosta íngreme. Deus! O que iria acontecer com Catherine? Ao chegar ao cume da encosta, ela foi brutalmente colocada no chão.

Catherine olhou com horror para o homem à sua frente, quando ele lhe deu um sorriso obsceno. Percebendo o horror nos olhos dela, o homem falou rudemente:

— Mandaram matar a senhora, madame. Disseram que a senhora era cobiçada por muitos homens, sendo assim, não vejo problema em aproveitar um pouquinho e provar sua carne macia antes de jogá-la ao mar.

Catherine olhou apavorada para baixo. O mar furioso batia contra pedras enormes, formando espumas brancas como nuvens. Não escaparia; estava mais perto da morte do que poderia imaginar. A morte, porém, não a assustava. "Reencontrarei Bernard", pensou serena. Ela olhou para o homem que lhe desamarrara os pés a tempo de ver o movimento rápido que ele fazia tentando rasgar suas vestes com um estilete. Com a parte de cima do lindo vestido já rasgada, Catherine olhou novamente para o mar. Estava com os pés livres, então, pensou que seria violentada e depois jogada ao mar. Pensou também em correr em direção ao penhasco e saltar no precipício. Não faria diferença, pois, em ambas as situações, seu destino seria um só: a morte. Escolheu pular, pois preferia mil vezes apressar o momento de sua morte a ser violentada. Num gesto repentino que o marinheiro não previu, saiu correndo e, depois de dar apenas cinco passos, despencou rumo às pedras.

Catherine sentiu mil agulhas penetrando em sua pele quando atingiu a água lá embaixo. O mar revolto lançou seu corpo sobre as pedras várias vezes, machucando-o terrivelmente. Quando veio o empuxo, uma forte onda a envolveu, levando-a para um mundo azul, longe do penhasco, rumo ao alto-mar. Catherine abriu os olhos e sentiu-os arder devido ao sal da água. Seu corpo flutuava naquela imensidão azul e gélida, e o peso do vestido a fazia ser puxada para baixo. Catherine sentia-se sufocar, pois estava engolindo muita água, e afundar mais e mais. A água entrava em seus pulmões pela boca e pelo nariz, provocando-lhe uma dor indescritível. Lentamente, ela foi perdendo os sentidos e, enquanto via fragmentos de sua vida passando rapidamente em sua mente, seu corpo foi, pouco a pouco, sendo levado ao fundo do mar.

De repente, Catherine não sentia mais o frio da água, o peito já não lhe doía mais, as pequenas facas que lhe perfuravam o corpo haviam desaparecido e seu corpo flutuava mansamente sobre as águas azuis. "Não morri, então", pensou. O sol brilhava no céu de um azul intenso e seu reflexo fazia a água parecer um enorme espelho. Curiosamente, seus olhos não doíam com a claridade súbita, porém, doeram muito quando um clarão forte apareceu ao seu lado, tomando, aos poucos, a forma de seu amado Bernard.

— Bernard! Meu amado Bernard! — Catherine exultava, porém, o rapaz não parecia partilhar de sua felicidade. Um sorriso triste pairava em seus lábios, enquanto ele fitava Catherine.

— Ah! Minha querida Catherine! Não imagina o quanto eu sonhei com esse momento!

Catherine estendeu a mão para tocá-lo sem conseguir, e ele falou tristemente:

— Infelizmente, você não pode me tocar. Estamos separados por uma eternidade. Suas ações na vida terrena nos afastaram por não sei quantos séculos! Agora, teremos de seguir por caminhos diversos até que um dia, num futuro longínquo, possamos, talvez, nos encontrar. Você terá de se arrepender de todas as suas ações e repará-las e, somente depois de resgatar seus débitos, se resgatá-los, poderemos ficar juntos para sempre. Tudo dependerá unicamente de sua vontade e do que fará. Adeus, querida Catherine — e, dizendo isso, Bernard desapareceu, deixando Catherine num pranto convulsivo.

CAPÍTULO 11

Chorando e com as mãos no rosto, Catherine não percebeu que não estava mais flutuando nas águas do mar, mas em um horrível lugar cheio de sombras, onde se ouviam lancinantes gritos de lamúria. Ao ouvir os gritos, ela levantou a cabeça assustada, não esperando encontrar-se em tão horrendo lugar. Que lugar seria aquele? Tudo era tão estranho. Vultos que passavam por perto uivando, árvores negras e desfolhadas, um estranho frio, uma angústia infindável. "Deus! Esse lugar é enlouquecedor!", pensou.

Um grupo aproximou-se de Catherine, envolvendo-a em um forte cheiro de podridão. Vozes gritavam aos seus ouvidos:

— Assassina! Está perdida!

Catherine gritava. Assassina? Quem ela matara? Cometera muitos erros, mas matar? Nunca! Ela não sabia que, ao se atirar no mar, cometera suicídio! Lembrava-se apenas de ter apressado sua queda a fim de livrar-se do marinheiro, porém, ignorava que ser jogada era uma coisa e pular era outra. Era certo que iria morrer de qualquer maneira e que não fora premeditado, o que atenuava a falta que cometera, mas ela ignorava que a morte causada por suas próprias mãos, ainda que involuntária, era considerada suicídio. A falta de intenção de matar, sem dúvida alguma, atenua a falta, mas não a dizima completamente.

Ela também se esquecera dos espíritos que, ao provocar inúmeros abortos, impedira de nascer e, ignorando que se encontrava no vale dos suicidas por ter abreviado a própria morte, Catherine vagava, chorando desesperada. "Por que Bernard me abandonou?", questionava-se.

Assim pensando, Catherine ficou por muito tempo no umbral, cercada de espíritos aterradores que lhe infligiam inúmeros castigos, pois, enquanto permanecia no desespero, não se dava conta de que não há culpa neste mundo que não mereça o perdão.

O tempo passado ali, contudo, modificou o espírito de Catherine, fazendo-a se tornar menos orgulhosa e não pensar mais que estava naquele lugar porque Bernard a abandonara, mas, sim, por causa de seus próprios erros.

Quando percebeu o erro que cometera ao julgar Bernard injustamente, Catherine começou a vagar, chorando, chamando por Bernard e clamando por ajuda. Ela orou sinceramente, pedindo a Deus que tivesse pena de seu espírito e a salvasse. A atitude dela estava ajudando-a agora. Ao chamar por Bernard e pedir socorro, ela demonstrava que as vozes dos espíritos inferiores não conseguiam mais atirá-la ao desespero e que ela acreditava na salvação. Ora, toda alma que espera é correspondida, e nenhum espírito arrependido fica sem resposta, e, por isso, seus clamores não foram em vão.

Uma equipe de socorro foi ao auxílio de Catherine, a pedido de Bernard, que, na sua evolução espiritual, conquistara méritos suficientes para interceder em favor da amada.

Enquanto seres horrendos e maltrapilhos tentavam se achegar de Catherine, cinco pontos de luz foram se aproximando, fazendo as horrendas criaturas fugirem para longe. Esses cinco pontos de luz começaram a tomar a forma humana, enquanto Catherine olhava, ansiosa, esperando ver surgir a figura amada de Bernard. As cinco formas foram se tornando cada vez mais nítidas, mas nenhuma delas se parecia com seu amado.

Catherine soltou um suspiro de desalento, enquanto uma jovem de rosto cândido lhe dizia docemente:

— Fique tranquila, Catherine. Bernard não a desamparou. Ele ainda não pode vir até essas zonas mais baixas, mas nós viemos libertá-la por meio da intercessão dele. Venha! Nós a levaremos para um lugar onde poderá se recuperar e analisar sua última encarnação terrena. Prometo-lhe que faremos tudo para ajudá-la — assim dizendo, a jovem estendeu a mão a Catherine e ajudou-a a caminhar, enquanto os outros quatro formavam um campo de força ao redor das duas mulheres até que elas atingissem a zona de segurança, de onde Sarah — esse era o nome da jovem — poderia volitar, levando Catherine consigo rumo ao céu estrelado.

Sarah levou Catherine até uma espécie de hospital onde ela ficou adormecida por vários dias. Bernard ia vê-la todos os dias, embora vivesse em outra colônia mais adiantada espiritualmente, pois, em sua última existência, não contraíra tantos débitos quanto Catherine. Durante o período de loucura, em que a moça praticou todas as insanidades possíveis em sua existência terrena, recusando-se a vê-lo e a ouvi-lo, Bernard aprimorou seus conhecimentos, estudando, trabalhando e prestando auxílio em obras de caridade, tendo alcançado grande evolução espiritual.

Com isso, enquanto ele e Catherine, até a última existência, contavam mais ou menos o mesmo grau evolutivo, o mesmo não acontecia agora em que os dois se encontravam bem distantes um do outro em evolução. Isso aconteceu porque, à medida que Catherine contraía débitos cada vez maiores por causa de suas atitudes insanas, Bernard foi se aperfeiçoando em sua evolução, estando muito longe dela em níveis espirituais.

Catherine manifestou vontade de rever os pais, pois sentia muitas saudades deles. Já não os via havia muito tempo, pois, desde que fugira do castelo, nunca mais tivera notícias deles. Também sentia saudades da Bá, sempre solícita, procurando ajudá-la. Ao falar com Sarah sobre seu desejo, ela respondeu:

— Esperemos que fique um pouco mais forte, e quem sabe poderá visitar o castelo de seus pais. Enquanto isso, deve frequentar os estudos, aprimorar seus conhecimentos e procurar algum lugar onde possa ser útil, pois assim contará pontos para si e poderá conseguir mais facilmente o que quer.

Catherine assim fez. Estudou com afinco, atuou como voluntária no hospital recebendo espíritos recém-desencarnados, oferecendo palavras de conforto e ajudando a tratar dos doentes até que Sarah veio ao seu encontro dizendo:

— Seu pedido foi deferido. Poderá vir comigo esta noite visitar o castelo de seus pais. Está pronta?

Catherine assentiu. Ainda não estava suficientemente liberta do corpo denso para volitar sozinha, então, Sarah pegou-a pela mão, e as duas foram em direção à Terra.

Ao chegarem ao castelo, o barão e a baronesa estavam sentados no salão principal pensativos, provavelmente se lembrando da filha desaparecida. Catherine assustou-se com a aparência dos pais, pois o barão parecia incrivelmente idoso. Os cabelos, antes grisalhos, estavam completamente brancos, e os ombros, antes tão altivos, estavam pendidos para frente. Ele olhava para a janela, ao longe, como se esperasse que, num repente, Catherine aparecesse correndo pelo campo florido. Fazia muitos anos que ela fugira dali. Saberia ele que estava morta? A baronesa também parecia um espectro do que fora. Seus lindos olhos verdes estavam sem vida. Anteriormente tão esbelta, apresentava-se agora em pele e ossos. O rosto, de tez suave e delicada, mostrava profundas rugas. A tristeza reinava naquele lugar.

— Perdão, senhora baronesa, mas está aí um rapaz que deseja falar-lhe — a criada disse timidamente.

— O que deseja ele?

— Não sei, senhora, mas parece muito aflito e pediu para falar com a senhora e com o senhor barão.

— Mande-o entrar, Lucille.

— Sim, senhora.

Quando o rapaz entrou no salão, a baronesa deu um grito lancinante. Bertrand estava parado à sua frente! O mesmo porte, o mesmo belo rosto, porém, agora que reparava melhor, parecia bem jovem, praticamente a mesma idade que tinha quando foi brutalmente assassinado. Como poderia? Somente os olhos não eram os mesmos, pois, o rapaz à sua frente tinha os olhos verdes! Será que o destino estava lhe pregando uma peça?

Bertrand nada entendia. A baronesa estava olhando para ele de uma maneira estranha, como se o conhecesse. Saberia ela que ele ajudara Catherine a fugir?

103

Não era provável. Por que, então, ela o olhava daquela maneira estranha? E, estando ela descontrolada daquela forma, como poderia contar-lhe do desaparecimento de Catherine? Afinal, era para isso que estava lá. Havia muito que procurava, em vão, pela moça. Desde que ela fora para Versailles, Bertrand a acompanhava de longe. Ele estava feliz ao lado de Susanne, com quem se casara, e o casal agora tomava conta da taverna, que não era mais a mesma sem Catherine e que, aos poucos, foi voltando a ser apenas uma taverna e uma hospedaria.

Quando não a viu mais, começou a procurar por Catherine, mas ninguém sabia de nada. Já havia perdido as esperanças de encontrá-la e supunha que ela pudesse estar morta, por isso, decidira ir até o castelo dos pais da amiga. Embora duvidasse, havia uma remota chance de encontrá-la ali, uma vez que muito tempo se passara desde a sua fuga e ela não seria mais obrigada a se casar com Pierre. Nunca mais ouvira falar de Pierre.

Bertrand olhava para o barão e a baronesa sem saber o que falar. Ele, então, pigarreou e voltou a olhar para os dois, sem se mover.

Foi o barão quem rompeu o silêncio:

— O que o traz aqui, meu jovem? — Ele conhecia aqueles olhos de algum lugar.

Bertrand tossiu. Não havendo outro jeito, começou a falar:

— É sobre Catherine...

O barão deu um salto da cadeira:

— Sabe do paradeiro de minha filha?

Naquele momento, Bertrand descobriu que Catherine não se refugiara no castelo de seus pais. Por mais doloroso que fosse, teria de lhes contar.

— Não, senhor barão. Estou aqui exatamente para falar ao senhor a respeito disso. — Bertrand começou a contar tudo o que acontecera a Catherine desde que ela deixou a casa paterna, omitindo, naturalmente, os detalhes mais deprimentes. A cada palavra sua, a baronesa emitia um gemido. Sua filhinha, sua doce filhinha, passando por tudo aquilo! Trabalhando em uma taverna! Sozinha em Versailles! E ela não sabia de tudo, porque Bertrand omitira detalhes que pudessem magoar os pais da amiga e que, a essa altura, seriam irrelevantes. E sobre o paradeiro de Catherine ninguém sabia; provavelmente estava morta, pois não havia motivos para que ela, no auge de seu favoritismo, fugisse de Versailles. O rei ordenara que a procurassem em vários lugares diferentes em busca de sua nova favorita, mas tudo fora em vão. As mulheres da corte, mexeriqueiras e invejosas, juntaram-se com as mandantes do crime para espalhar que ela se apaixonara por um conde austríaco e que teria ido embora com ele.

Após relatar o que sabia, Bertrand, comovido, pediu água para si e para sua esposa Susanne, que o aguardava fora dos portões do castelo e que, segundo ele, fora grande amiga de Catherine. A baronesa emocionou-se ao conhecer aquela que ouvia as confidências de sua filhinha querida e insistiu que ficassem para a ceia e pernoitassem, o que ambos aceitaram prontamente, pois não havia outro lugar onde pudessem passar a noite.

Já em seu leito, o barão comentou com a baronesa que achava que conhecia Bertrand, embora não soubesse de onde, pois aqueles olhos o lembravam alguém. Ao ouvir isso, a baronesa caiu num pranto convulsivo, deixando o marido desesperado.

— Minha senhora! O que houve? Conte-me, por Deus!

Sem poder conter o pranto, a baronesa relatou novamente ao barão toda a sua história, que ele já ficara sabendo por meio de seu sogro, e disse que o jovem Bertrand, além de ter o mesmo nome de seu antigo amado, tinha as feições idênticas às dele, porém, com olhos verdes. Ela ainda contou ao barão que a ama de leite que levara seu filho embora prometera colocar na criança o nome do pai, Bertrand. Não havia dúvidas. *Aquele* era seu filho perdido, e ele ajudara Catherine durante todo esse tempo, até correndo o mundo para saber do paradeiro dela, sem saber que era seu irmão.

O barão emocionou-se com o relato da esposa e imediatamente pensou em um modo de manter Bertrand e Susanne com eles no castelo, assim, sua amada teria perto de si o filho que lhe fora brutalmente arrancado. Achava melhor que Bertrand não soubesse que sua mãe era a baronesa para não colocá-la em má situação, no entanto, faria tudo para ajudá-lo a conquistar seu lugar no mundo, doando, inclusive, parte de suas terras para o rapaz, pois agora não tinha mais herdeiros.

Catherine ouviu tudo emocionada. Seu querido irmão não a desamparara; estava ao seu lado o tempo todo! Ah! Se ela soubesse que Bertrand era seu irmão...

Enquanto grossas lágrimas lhe caíam pelas faces, Sarah chamou:

— Vamos, minha querida? — e as duas saíram pelo céu afora.

Na manhã seguinte, o barão procurou Bertrand e lhe disse que, em virtude do favor que ele prestara a si e à baronesa, ele ficaria como seu hóspede. Bertrand, a princípio, não quis aceitar o convite, pois não passava de um simples criado, contudo, o barão insistiu intensamente, e ele acabou cedendo.

Com o tempo, o barão foi passando a Bertrand parte de suas terras e deixando-o como seu único herdeiro. Por influência do barão, Bertrand tornou-se o novo Barão de Soucet-Moureau e terminou sua vida ao lado de sua querida Susanne, vendo, com alegria, seus filhos crescerem e lhe darem muitos netos e bisnetos.

***

Muitos séculos se passaram, e Catherine, vivendo em uma colônia de recuperação, pôde ver quão falha fora sua última existência na Terra. Ela passou pela fase de autocondenação e depois pela fase do arrependimento, já podendo, a partir daí, programar uma nova encarnação para, mais fortalecida, resgatar os débitos contraídos perante aqueles a quem tanto prejudicara.

Bernard a visitava sempre que podia e sabia que Catherine precisaria encarnar novamente para resgatar seus débitos. Quando soube que estava próxima a reencarnação dela, Bernard pediu a Vitor para reencarnar ao lado da amada, a fim de ajudá-la e orientá-la. Vitor respondeu:

— Sabe que não poderá reencarnar como marido de Catherine, não sabe, Bernard?

O rapaz assentiu.

— Bem, talvez eu consiga que nossos superiores autorizem seu reencarne com ela, mas está disposto a vê-la casada com outro? Nada poderá fazer para impedir, sob pena de não continuar sua caminhada evolutiva e ainda atrapalhar a dela.

— Para ajudar Catherine, estou disposto a tudo! Farei qualquer sacrifício. Quem sabe assim ela consiga, e nós possamos nos unir em breve.

— Muito bem — Vitor falou. — Prometo que levarei seu caso para discussão.

***

Alguns dias mais tarde, Vitor procurou Bernard:

— Tenho boas notícias! Você poderá reencarnar ao lado de Catherine para ajudá-la e ser um de seus mentores. Concorda em reencarnar como o pai dela?

— Já lhe disse que farei tudo para ajudá-la!

— Pois bem. Hélène, mãe de Catherine na última existência, concordou em assumi-la como filha novamente. Você, então, será marido de Hélène, Bernard.

— Não me oponho. Já disse que farei tudo o que puder.

— Ótimo! Catherine terá vários protetores ao seu redor, mas também se encontrará com todos os seus antigos inimigos, com seus amantes e terá por irmãs as moças que viveram com ela na taverna. Apenas Susanne, que muito a ajudou e que, graças a Bertrand, não permaneceu no meretrício, reencarnará como sua filha para poder ajudá-la. Será irmã de Bertrand, que também ajudará Catherine reencarnando como seu filho. Ele reencarnará quase no mesmo momento de seu desencarne, Bernard. Assim, como filho de Catherine, ele continuará o trabalho de ajuda que você deixará de desenvolver sendo o pai dela. Pierre também reencarnará como filho mais novo de Catherine. Será uma criança complicada, que chamará Catherine à responsabilidade materna, e ela deverá ajudá-lo a vencer suas más inclinações, vencendo também as suas, pois ele lhe dará muito trabalho. Com Pierre, ela aprenderá a desenvolver a capacidade de renúncia e abnegação que deveria ter aprendido na última existência. Depois de ajudá-lo, se conseguir, terá cumprido com ele a missão que deixou inacabada na Grécia e na França. O pai de Bertrand, também chamado Bertrand, que você não conheceu, será irmão de Catherine. Isso deve acontecer para que ele e Hélène possam estar juntos, desenvolvendo seu amor espiritual, uma vez que se entregaram a uma paixão desenfreada no passado, que os levou a acontecimentos trágicos. Catherine se casará com o Barão D'Auvernay, seu pai na última existência, que, assim, poderá ampará-la e orientá-la como não foi capaz de fazer quando foi seu pai. Esperemos que desta vez tudo se resolva da melhor maneira e que todos vocês deem mais um passo rumo à sua evolução. Vamos, então, aos preparativos dessa próxima encarnação.

Fizeram uma reunião em que ficou decidido que Catherine teria ainda uma prova a passar antes de se reencontrar com todos do seu passado. Ela reencarnaria junto com Bernard e Hélène, se apaixonaria por Bernard e o perderia para Hélène, a fim de desenvolver seu sentimento de renúncia e abnegação, pois Hélène seria, nessa existência, sua melhor amiga, e ela não a poderia trair. Ao cumprir essa prova, desencarnaria rapidamente e depois reencarnaria como filha dos dois e teria que trabalhar ajudando as pessoas em atividades sociais, sendo médica, enfermeira ou assistente social. Deveria também devolver àquelas mulheres do passado seus maridos roubados quando ainda era Catherine.

Bernard assentiu, sentindo uma alegria indescritível no peito. Tudo daria certo, ele tinha certeza. Tudo faria para ajudar Catherine e os outros até que, enfim, pudessem caminhar juntos rumo à felicidade, depois que ela cumprisse seu resgate.

Assim sendo, no ano de 1942, nasceu Ana Luísa, filha única e adorada de um casal da sociedade de uma pequena cidade do interior do Rio de Janeiro, no Brasil. Desde criança, Ana era amiga inseparável de Sílvia, e as duas iam juntas à escola, a parques de diversão, a circos, e, mais tarde, já moças, ao cinema, à sorveteria, às compras, enfim, a todos os lugares.

Em uma bela tarde de abril, sentadas a uma mesa na sorveteria, viram passando na pequena praça um lindo rapaz dirigindo um Buick preto. Elas não sabiam quem era, mas estavam cientes de que ele já causara sensação na cidade.

As duas moças saíram às pressas, procurando saber quem era o tal rapaz e, então, descobriram que ele era o doutor Eduardo Schneider, o novo médico da cidade.

As semanas foram passando, e, embora não tivesse contado a ninguém, o coração de Ana Luísa batia mais forte sempre que seus olhos pousavam na figura atlética do doutor Eduardo, por isso, ela quase morreu quando viu que ele estava se derretendo por sua melhor amiga, Sílvia, e, pior, que ela também correspondia.

Foi com muita dor no coração que Ana Luísa viu o namoro ficar sério e o casamento ser marcado, contudo, nada podia fazer. Não lutaria por aquele amor, pois, além de Eduardo também gostar de Sílvia, ela era sua melhor amiga, e, assim sendo, preferiu sofrer calada.

O pior momento de sua vida foi o dia do casamento de Sílvia e Eduardo. Como melhor amiga da noiva, ela foi escolhida para ser madrinha. Chegou a pensar em declinar do convite, mas como faria isso sem que parecesse uma grande ofensa? Sua amiga não merecia isso! Convenceu, então, seu pai a deixá-la ir morar com uma tia no Rio de Janeiro e, tão logo a cerimônia religiosa do casamento de Sílvia e Eduardo terminou, Ana Luísa embarcou para o Rio, adormecendo em seguida. Dormindo, não viu quando o ônibus caiu numa ribanceira ao fazer uma curva, não deixando sobreviventes. Quando acordou, Sarah e muitos amigos espirituais estavam sorrindo ao seu lado, desfazendo o último laço que a mantinha presa ao corpo terreno. Ela ainda não sabia, pois estava meio atordoada, mas cumprira sua prova, e, melhor ainda, vencera!

Segunda parte

CAPÍTULO 12

O doutor Eduardo Schneider mal conseguiu trabalhar naquela manhã no hospital. Sílvia, sua esposa, acabara de dar à luz uma linda menina! Era o sexto rebento do casal, mas, inexplicavelmente, Eduardo tinha uma sensação diferente dentro de seu peito, que não experimentara por ocasião do nascimento de seus outros filhos. Até teria preferido um menino para fazer companhia a André, seu único varão, mas o nascimento daquela menininha mexera com ele. Ele a chamaria de Clara! Sim! Era o nome perfeito para uma menina que nascera trazendo luz à sua vida.

Naquela manhã, Eduardo dividiu seu tempo entre o atendimento aos pacientes e a maternidade. Queria ver como passavam mãe e filha. Ele sentia que aquela menina era especial e uma indescritível alegria brotava dentro de seu peito.

Com o passar dos anos, Eduardo viu que não se enganara em suas previsões. Clara acompanhava-o a todo lugar, até à oficina mecânica! Era inteligente, loquaz, decidida e adorava o pai. Suas irmãs percebiam claramente a preferência do pai pela caçula, mas, curiosamente, não se sentiam enciumadas. Ao contrário, Clara era a intercessora quando elas queriam conseguir alguma coisa do genitor. André também não se importava, pois sua mãe tinha uma notória preferência por ele, tão perceptível que, quem prestasse mais atenção e conhecesse um pouco mais sobre a doutrina que explica a reencarnação, veria que essa relação vinha de longos séculos.

Clara foi crescendo e, quando chegou o tempo de se interessar pelos primeiros rapazes, Eduardo foi à loucura! Como permitiria que sua menina ficasse à mercê de um homem que, certamente, não a trataria com a delicadeza que ela merecia? Mas nada poderia fazer. Ela tinha direito de constituir uma família, pois ele também se casara, embora tivesse uma doce lembrança de uma moça que conhecera ao chegar à cidade muitos anos antes. Ana Luísa... Uma morte trágica levara aquela doce menina e justo no dia do casamento dele! Sílvia sofreu muito, pois a moça era sua melhor amiga, e ele, bem, ele nutria por Ana Luísa um grande carinho que não sabia explicar. Talvez, se não tivesse começado a namorar Sílvia, pudesse até ter se casado com Ana, e, quem sabe, ela não tivesse morrido tão tragicamente. Quis o destino, contudo, que as coisas acontecessem de outra maneira, e daquela moça ele só tinha uma cálida lembrança.

Aos 13 anos, Clara apaixonou-se perdidamente por Fábio, um rapaz não muito mais velho que ela. Sílvia, por sua vez, entrou em desespero! Sua filha jamais poderia namorar tendo tão pouca idade. Só permitiria que Clara namorasse quando completasse 15 anos. Apesar da proibição, o namoro continuou às escondidas. Bem, às escondidas não era o termo correto, uma vez que toda a cidade o sabia e ajudava os dois namorados. Namoraram meio escondido por exatos dois anos. Quando Clara completou 15 anos, Sílvia continuou a não permitir o namoro.

 Foi então que, em uma de suas viagens, Clara conheceu Gustavo, um estudante de medicina que logo começou a frequentar a casa da moça. Com sua educação e gentileza, o rapaz conquistou a todos, inclusive a Clara, que acabou rompendo seu namoro com Fábio, deixando-o desconsolado. Porém, apesar de apaixonado por Clara, Gustavo não queria namorá-la sem ter nada a oferecer-lhe, então, falava para todos: amigos, amigas, parentes, para os pais de Clara, para seu irmão André, para suas irmãs, enfim, para todos, que era apaixonado por ela; só não falava com ela sobre o que sentia. Menina criada à moda antiga, Clara não se sentia confortável em chegar até Gustavo e falar-lhe. Então, conheceu Antonio, moço bagunceiro, dado à bebida, que, vendo a moça tão bonita e gentil, resolveu namorá-la. Cansada de esperar a boa vontade de Gustavo, Clara aceitou namorar Antonio.

 Louca pelo pai, Clara não permitia que ninguém, senão ele, a visse chorar. Era para os braços de Eduardo que a moça corria quando Antonio a maltratava, quando havia algum desentendimento com as amigas ou algum aborrecimento na escola ou até mesmo com a própria mãe, que não a entendia. Aliás, o relacionamento de Clara com Sílvia não era dos melhores, pois ela interferia demais na vida da filha, abria suas cartas, lia suas correspondências, seus diários, e havia ainda aquela primeira grande paixão da moça, que, devido à interferência da mãe, acabou chegando ao fim. Sílvia também não aprovava o namoro da filha com Antonio; só

115

aprovara Gustavo, mas o rapaz ficava naquele chove não molha! E Eduardo a ouvia. Ele dizia para Clara que Sílvia a amava com muito desvelo, que ela apenas queria para a filha um bom casamento com um homem que a valorizasse, algo que ele também desejava. Clara debruçava-se no ombro do pai e ficava horas fazendo-lhe confidências. Sabia que Eduardo não a trairia. Ela também era a confidente do pai. Eduardo confiava à filha coisas que sabia que outras pessoas não iriam entender, pois era um sonhador, e sua querida Clara compreendia-o perfeitamente. Ambos confiavam plenamente um no outro, e isso bastava para eles.

Havia já um ano que Clara namorava Antonio, quando Gustavo, recém-formado em medicina, chamou-a para uma conversa definitiva. O rapaz, enfim, disse-lhe que a amava e queria casar-se com ela. Clara ficou estarrecida! "Deus! Se ele tivesse falado isso há mais tempo!", pensou.

Fosse porque a moça achou que Gustavo a fizera de palhaça, deixando-a esperar por tanto tempo sem uma palavra, fosse porque um absurdo sentimento de ética lhe dizia que não seria justo com Antonio ficar com ele enquanto Gustavo não a quisesse para depois chutá-lo quando o rapaz não fosse mais necessário, o fato é que, mesmo sem coragem de dizer um não a Gustavo (achava que ainda gostava um pouco do rapaz, mas Antonio beijava tão bem!), Clara ficou "cozinhando" a situação, mantendo Gustavo na expectativa e namorando Antonio. Desta vez, foi Gustavo que não suportou a situação e casou-se com uma moça de outra cidade, arrependendo-se logo depois e jurando amor eterno a Clara.

Clara ainda namorou Antonio por vários anos, vendo seus antigos namorados se casarem com outras mulheres até que uma coisa terrível aconteceu. Eduardo tinha um pequeno avião, e uma de suas paixões era voar. A moça voara com o pai várias vezes, pois compartilhavam dos mesmos gostos. Numa manhã de sábado, Eduardo procurou por Clara a fim de levá-la para voar, coisa que, ele sabia, a filha adorava. Seria uma oportunidade para conversar a sós com ela, porém, a jovem não estava em casa. Clara fora ao cabeleireiro, então, Eduardo decidiu voar sozinho.

Estava bastante preocupado com a tristeza de Clara. Alguma coisa estava acontecendo com a filha, e eles ainda não tinham tido tempo de conversar sobre o assunto, pois, naquela semana, ele participara de um seminário de emergências ambulatoriais como um dos conferencistas, tendo estado muito ocupado durante o dia e também à noite. Todas as vezes em que, ao chegar em casa, entrava no quarto de Clara, ela já estava dormindo.

Eduardo preocupava-se com a última conversa que tivera com a filha no domingo anterior. Ele chegara sem que ela percebesse e encontrou-a à beira das lágrimas.

— O que aconteceu, minha princesa?

— Nada, papai. Só estou cansada.

— Então, por que é que duas pedras preciosas teimam em cair dos seus olhos?

Clara desabou, abraçou o pai e caiu num pranto convulsivo.

— Ah! Pai!

Antes, contudo, que ela pudesse contar a Eduardo o que acontecera, uma ruidosa turma de colegas de André subiu as escadas, atrapalhando o momento entre pai e filha. Durante toda aquela semana, eles não puderam conversar, mas Eduardo sabia que Clara continuava mal. Teria que conversar com a filha, e um voo era

117

sempre uma ótima ocasião para se aproximarem cada vez mais. Desta vez, teria de ir só, pois Clara não estava em casa.

Eduardo não quis sair sem dar um beijo em Clara, então, foi ao salão que ela frequentava. Ao ver o pai naquele ambiente tipicamente feminino, Clara deu um pulinho:

— Papai! Que surpresa!

— Vou espairecer um pouco nas nuvens e passei para lhe dar um beijo.

Clara ofereceu o rosto para o beijo e deu outro na face recém-barbeada do pai, que saiu em seguida.

Feliz com a surpresa que seu pai lhe fizera, Clara continuou tagarelando no salão, pois adorava as amigas que também frequentavam o local.

A cabeleireira ainda não havia acabado de escovar os cabelos de Clara, quando o telefone tocou. A moça que atendeu ficou pálida e tinha os olhos cheios de lágrimas ao desligar o aparelho. Ela chegou perto de Clara e disse:

— Minha querida, venha cá. Precisamos conversar um pouquinho.

Dizendo isso, levou Clara para os fundos do salão, chamando também a cabeleireira, fazendo-a sentar-se.

— Clara, eu acabei de receber um telefonema de sua casa. — A moça chorava.

— Fale, Maria! Por Deus, o que houve?

— Seu pai, Clarinha!

— Meu pai?! O que houve com ele?! Ele saiu daqui há pouco, veio me dar um beijo!

— Acho que veio se despedir, Clarinha. O avião dele caiu.

— Não! Não! Não é verdade! Pelo amor de Deus, Maria, diga que não é verdade! Meu paizinho não! Eu vou até lá! Onde foi que ele caiu? — e, assim dizendo, pegou as chaves do carro.

Gislene, a dona do salão, saiu correndo atrás de Clara:

— Clara! Pelo amor de Deus, você não pode ir dirigindo assim! Deixe que eu vá com você!

Clara, contudo, já havia entrado no carro e saído em disparada.

Chorando, Clara não sabia para onde ir. A moça soube que o avião caíra numa fazenda próxima ao campo de aviação e foi para lá correndo, o carro a mil por hora. Ao chegar, viu os destroços do avião e o corpo do pai coberto por um lençol. Ele estava decolando, ainda baixo, quando o avião caiu.

Os amigos de Eduardo que lá estavam foram correndo ao encontro da moça:

— Clara, por favor, vá embora! Aqui não é lugar para você.

— Eu vou ficar. Meu lugar é junto dele.

E Clara ficou lá, olhando, enquanto mãos estranhas pegavam o corpo de seu querido paizinho e tiravam dele a aliança, um terço de ouro (presente dela em seu último aniversário), o lenço que ele usava no bolso, a caneta, seus documentos e depositavam tudo nas mãos da moça, que fez um pacotinho e segurou-o junto ao peito. Não gritou, não fez escândalo, somente chorou baixinho.

— Papai, papai...

Quando levaram Eduardo embora dali para preparar-lhe o corpo para o sepultamento, Clara seguiu de carro atrás. Não podia deixá-lo sozinho. Seu coração estava partido e dele caíam grossas gotas de sangue. Clara tinha 20 anos e estava cursando medicina,

119

seguindo a carreira do pai. Nunca perdera alguém da família, logo, essa era a primeira vez que experimentava dor tão lancinante.

De repente, a moça foi abordada por uma mão amiga:

— Vamos escolher a roupa dele?

A roupa? A roupa que o levaria embora para sempre. Quem cuidaria dela agora? "Papai! Papaizinho! Não me deixe, eu imploro!", pensava.

Aquela noite foi a mais longa e a mais triste de toda a vida de Clara, que jamais imaginara que ficaria sem seu querido paizinho. Ele era um médico muito humano, de modo que a cidade inteira ficou muito sensibilizada com sua morte repentina.

A vida para Clara estava acabada. Foi isso que ela pensou quando viu fecharem o túmulo que deixaria seu paizinho para sempre longe dos seus olhos. Assim pensando, ela voltou para casa, sozinha, recusando a companhia de quem quer que fosse. Queria ficar só, imaginando o que estaria acontecendo com seu querido paizinho.

***

Eduardo permanecia desmaiado. Vitor e sua equipe soltavam os últimos laços que o prendiam ao corpo terreno. Levaram-no, ainda desmaiado, para uma colônia de socorro hospitalar, pois, embora tudo já tivesse sido planejado, Eduardo desencarnara de forma violenta.

Depois de receber os primeiros socorros, Eduardo acordou, perguntando pela filha Clara. Ainda estava misturando as duas existências, tendo na mente apenas lembranças de sua encarnação como Eduardo, pai de

Clara. Isso não era problema, ele logo se lembraria de tudo. Era questão de tempo. Por ora, dormiria e receberia passes de seus companheiros espirituais. Bernard/Eduardo cumprira perfeitamente sua missão. Dera um enorme passo em sua caminhada evolutiva e cumprira aquilo a que se propusera: educar Catherine/Clara no caminho do bem, ajudando-a a desenvolver seus valores morais.

Quando Eduardo já estava bastante forte com a ajuda dos passes e recobrou grande parte de sua memória, Vitor foi ter com ele.

— Parabéns, meu caro amigo! Tudo correu maravilhosamente bem. Estamos todos orgulhosos de você.

— Como está Catherine, digo, Clara?

— Triste. Preocupada. Agora, começa para ela mais uma de suas provas. Sem o querido pai a ampará-la, ela terá de decidir sozinha o que fazer. Não se lembra do que lhe foi dito? Assim que você regressasse ao mundo espiritual, seu amigo Bertrand reencarnaria como seu filho para continuar a protegê-la. Tudo o que Clara vê agora é que está sem pai, que quer romper o namoro com Antonio, porque ele a maltrata muito, e que está grávida de um filho que crescerá sem pai, se por acaso ela resolver levar adiante a gravidez. Não podemos nos esquecer de que ela tem o livre-arbítrio e poderá optar por abortar, não querendo criar um filho sem pai e muito menos enfrentar a situação de ser mãe solteira.

— Mas é enfrentando isso que ela resgatará toda a culpa dos abortos que cometeu no passado!

— Ela não sabe disso! Se soubesse, que mérito teria? Ela terá de decidir sozinha. É por esse motivo, Bernard, que seu desencarne ocorreu justamente nesse momento... para que você não a influenciasse. Só poderá vibrar por ela e, quando se sentir mais forte, poderá visitá-la em sonhos. Vocês dois são muito ligados, logo, ela o compreenderá. Mas deixe que ela passe por essa prova primeiro. A prova de ser maltratada por um homem ela tirou de letra, saiu-se muito bem. Clara romperá com Antonio, mas não guardou dele mágoa alguma. Já resgatou o que fez com os homens no passado. Veremos se ela suportará as provas de perdê-los.

CAPÍTULO 13

 Clara sentia como se o mundo estivesse desabando sobre sua cabeça. Cansada de ser maltratada por Antonio, rompeu com ele o namoro de anos. Seus antigos namorados estavam todos casados, e ela, só. E realmente sozinha, pois, desde que seu pai partira, ela nunca mais tivera um ombro em que reclinar a cabeça, nunca mais tivera alguém que a entendesse. Como se não bastasse, estava grávida! O que faria? Abortar estava fora de cogitação. Ela não seria capaz, e, se estivesse vivo, Eduardo jamais concordaria com tal ato abominável. Mas como enfrentar a sociedade? Sempre fora vista como uma moça muito certinha, muito delicadinha, muito ajuizada! E agora? Sua imagem iria por água abaixo. E sua mãe? Ela a mataria se pudesse. Clara achava que o único que poderia ficar ao seu lado era André, seu irmão. Apesar de mais velhas, suas irmãs ainda eram solteiras e certamente a condenariam. Estava acertado: teria o bebê. O resto se arranjaria.
 Os meses foram passando, e Clara já podia sentir os movimentos de seu bebê dentro de si. Ela conversava com ele, cantava doces canções quando a noite

chegava e assim foi levando sua vidinha. Uma noite, ela sonhou que estava num jardim, sentada em um banco, quando seu pai lhe apareceu. Ela pulou nos braços de Eduardo, abraçando-o fortemente e ficou sentindo o calor daquele abraço. Ele ficou por um breve período de tempo, entregou à filha um papel dobrado e foi embora, desaparecendo como fumaça. No papel estava escrito: "Eu sempre estarei ao seu lado".

Clara continuou dormindo profundamente e qual não foi sua surpresa quando, ao acordar na manhã seguinte, viu que tinha na mão fechada um papel dobrado. Ela abriu o papel com as mãos trêmulas e leu: "Eu sempre estarei ao seu lado".

Clara chorou copiosamente ao ver o bilhete. Então, não fora sonho! Seu querido paizinho estivera com ela! A moça, então, olhou para cima e mandou um beijo para o além. Sabia que Eduardo o receberia, pois estaria sempre com ela.

***

O bebê de Clara nasceu forte e saudável, e ela lhe deu o nome de Leonardo, por ser parecido com o nome de seu pai, Eduardo. Somente seu coração estava vazio.

Clara lembrou-se de Fábio, seu primeiro namorado. Ele estava casado agora, e ela estava só. Será que ele ainda pensava nela? A moça dirigia distraidamente, quando, de repente, seu carro quase bateu em outro que vinha em sentido perpendicular. Assustada com o acontecido, Clara desceu do carro chorando. Parado à sua frente estava o motorista do outro carro, Fábio. Ela não falava com ele desde que o deixara anos antes.

— Clara!

— Fábio! Desculpe, eu não queria...

— Aquiete-se, Clarinha. Você está muito nervosa. Vamos tirar os carros daqui e tomar alguma coisa, venha.

Clara o seguiu, e os dois conversaram bastante. Fábio disse que acompanhava a vida da moça de longe, que sabia que ela estava quase se formando em medicina, que Antonio a maltratava e que, muitas vezes, teve vontade de esmurrar-lhe o nariz quando o encontrava na rua. Falou de seu casamento, que não era feliz, pois a mulher de sua vida era ela, Clara, e que ele jamais, em tempo algum, seria completamente feliz com alguém.

Clara estava carente, só no mundo, apenas com seu bebê a lhe dar alegria e aceitou os carinhos de Fábio. Os dois começaram a se encontrar, e Fábio prometia-lhe que, tão logo pudesse, pediria o divórcio e se casaria com ela. Assim ficaram por algum tempo até que a esposa do rapaz descobriu o romance do casal e, esperta, tratou logo de engravidar, pois tinha certeza de que seu marido era honesto o suficiente para não abandonar a esposa grávida. Ademais, a cidade inteira ficaria contra ele e Clara, não sobrando lugar para os dois ali.

A notícia da gravidez da esposa de Fábio caiu como uma bomba na cabeça dele e de Clara. Adeus aos planos de ficarem juntos. Pelo menos por um tempo, teriam de adiar tudo. Fábio prometeu a Clara que, tão logo o bebê nascesse, o registraria e se separaria. Apaixonada que estava, ela aceitou esperar. Os meses foram passando, e a data do nascimento da menina (era uma menina) foi se aproximando. Um dia, Clara não aguentou; não queria ser a outra na vida de Fábio. Chamou-o e rompeu tudo. Disse que a filha do amante estava prestes a nascer e que ela sabia que, assim que ele visse a menina, a coragem de se separar da esposa desapareceria, então, decidiu separar-se dele.

Fábio ficou desesperado. Clara o abandonara no passado e agora fazia o mesmo? Não. Ele não iria permitir. Clara, contudo, estava convicta de que seria melhor para todos que eles se separassem e, não sem muita dor no coração, disse adeus a Fábio, para que ele ficasse com sua mulher e sua filha.

Sem o saber, Catherine estava entregando o Marquês de Montpellier de volta à sua esposa, conforme prometera no plano espiritual. Tivera-o nos braços e devolvera-o aos braços da esposa, como deveria ter feito na longínqua França do século XVIII. Ela passara por mais uma prova e vencera.

Sozinha novamente, Clara reencontrou Gustavo, seu colega de profissão, enquanto fazia residência em cirurgia geral no Rio de Janeiro. Ele não acreditou quando viu diante de si aquela que fora seu grande amor. Ele jurou-lhe amor para toda a vida, disse que estava separado da esposa e que poderiam ficar juntos, se ela assim o quisesse.

Querendo encontrar alguém que a amasse de verdade, Clara começou a namorar Gustavo. Estavam sempre juntos, na casa dela ou na dele, mas sempre quando Leonardo não estava presente. Clara achava isso bastante estranho, pois Leo era apenas um bebê de um ano de idade.

— Gustavo, por que você não aceita conhecer Leo? Todas as vezes em que saio com ele, você nunca vai! Afinal, nós dois estamos namorando ou não?

— Não é isso, princesa (Gustavo a chamava de princesa desde a adolescência). Apenas acho que é muito cedo. Também não contei ao meu filho que estou namorando. Para dizer a verdade, acho que ele não aceitará muito bem. Mas, por favor, não pense que eu não a amo. Eu a amo demais, minha princesa, e não suportaria ficar sem você. Todo mundo sabe que meu casamento foi um erro. Sempre fui apaixonado por você, nunca a esqueci!

Clara aceitou a explicação e ficou esperando o desenrolar dos acontecimentos, o que nunca ocorreu. Então, ela rompeu o namoro com Gustavo, que acabou voltando atrás no divórcio por causa de seu querido filho. Ele voltou a viver com a mãe do filho, deixando Clara amargando sua solidão. É bem verdade que era a moça quem terminava todos os relacionamentos, contudo, isso se dava por ela não aceitar ser a outra na vida de seus pretendentes. Era outra etapa vencida por Catherine, que estava devolvendo o Duque de Orléans à esposa.

E Clara continuava sozinha. Depois de Gustavo, a moça apaixonou-se perdidamente por Ricardo, que também era casado e também não se separou da esposa por causa dela. Depois de Ricardo, morreu de amores por Augusto, com quem ficou por dois longos anos, esperando que ele se decidisse pela separação. Augusto, contudo, tinha uma mãe dominadora e a usava como escudo para não enfrentar a mulher em um divórcio. Na verdade, ele era um frouxo, só Clara não percebia isso. Com Augusto, ela sofreu demais e acreditou quando ele lhe falou que somente conheceu o significado do amor quando a conheceu. Augusto era um homem insinuante, que sabia como usar as palavras para agradar uma mulher. Clara viveu cinco meses de felicidade completa com ele. Achava que encontrara o amor de sua vida e que seria feliz com ele para sempre. Chegaram a marcar a data para começarem a morar juntos, só que ele não foi. Impossível descrever a dor que a moça sentiu. Ela quis morrer. A vergonha que ela sentiu foi semelhante à de uma noiva largada aos pés do altar.

Augusto continuou casado, embora não quisesse abrir mão de Clara, procurando-a quando ela fugia dele, dizendo que não suportava a esposa e que só ficava com ela porque a mãe era doente etc.

Apaixonada, Clara aceitou-o de volta, mas, sem que ela percebesse, Augusto tudo fazia para manter em segredo o romance. A moça não percebia que, antes, Augusto saía com ela e fazia questão de mostrá-la a todos como se fosse um troféu, porém, agora, só a encontrava às escondidas. Clara sofria em silêncio quando ele não podia encontrá-la e ficara à espera dele várias vezes, sem que Augusto aparecesse. Foi preciso que ela descobrisse que o rapaz estava dando em cima de uma balconista de supermercado para que "desencanasse" de vez e visse que ele era, na verdade, um patife.

Foi mais uma vitória de Catherine, que, vivendo no corpo de Clara, devolvia a mais uma mulher de seu passado o marido roubado na longínqua França do século XVIII. Clara cumpria sua missão de devolver àquelas mulheres os maridos que lhes tomara no passado, nem tanto por ser uma pessoa "boazinha", afinal, ela ainda era a mesma Catherine que adorava saber que havia um homem perdidamente apaixonado por ela. O que a fazia desistir dos homens era o orgulho. Estava planejado no plano espiritual que cada um daqueles homens ficaria com a própria esposa, e a espiritualidade cuidava para que isso acontecesse. Clara, não se contentando em ser *a outra* na vida de alguém, rompia com eles, deixando-os voltar para suas esposas. Teria de ser assim. Teria de partir de Clara a decisão. Ela não poderia ser abandonada, teria de abandonar, mas sofrendo, ficando com o coração partido! E assim foi.

Uma vez, consultando um terapeuta, Clara perguntou por que as mulheres de sua família sempre estavam sozinhas. Para seu espanto, o terapeuta respondeu:

— Alguma vez ouviu falar de prostitutas casadas? Vocês todas foram meretrizes numa vida passada e agora estão resgatando esses débitos. No século XVIII, você queria se casar com um rapaz, mas seu pai arranjou seu casamento com outro. Você se revoltou e acabou indo para um prostíbulo. Suas irmãs eram suas colegas de lá. Vocês têm um resgate a fazer nesta vida.

Assustada, Clara nunca mais procurou tal terapeuta, sem saber, contudo, que ele estava coberto de razão.

Sua mãe não aprovava nenhum de seus romances, pois era muito ligada ao plano espiritual e sabia que para Clara estava destinado um marido que a amaria e a trataria bem, além de ser um bom pai para Leonardo e para os outros filhos que Clara viria a ter. Sílvia sentia que a filha não poderia ficar com nenhum daqueles homens que a moça namorava, pois eles não estavam destinados a ela; tinham compromissos com outras mulheres há muitos séculos. Era por esse motivo que a mãe de Clara se opunha a todos os namoros da filha, gerando, por vezes, até um sentimento de raiva na moça, que não entendia por que Sílvia sempre estava contra ela.

Quando Clara conheceu o advogado Roberto Belucci, tudo se abriu para ela. Com poucos meses de namoro, ele a pediu em casamento. Sílvia adorava o genro, e Leo o chamava de pai.

Clara e Roberto finalmente se casaram e passaram a lua de mel na Itália e na Grécia. Depois, a moça conheceu o mundo inteiro ao lado do marido, que a adorava.

Clara sentia que deveria bendizer a Deus por nenhum de seus romances ter dado certo, pois Roberto era o homem da sua vida.

Mal sabia Clara que tudo já fora planejado anteriormente, quando ela preparou minuciosamente sua reencarnação a fim de resgatar os erros do passado. Só que, nesta existência, diferentemente da outra em que vivera como Catherine, ela mostrou-se fiel ao que se propôs no plano espiritual, fazendo tudo se encaixar.

Faltava agora uma última prova: receber Pierre como filho. Ele seria seu terceiro filho, o segundo que teria com Roberto, pois a primeira seria uma menina, Susanne, sua amiga do passado, que reencarnaria como Ana, sua filhinha querida — e assim aconteceu.

CAPÍTULO 14

Clara estava sentada na areia da praia olhando os três filhos brincarem na água azul do mar. Leonardo, o mais velho, de 16 anos, saiu correndo da água e foi em sua direção sorrindo. Ela abriu os braços para ele, que lhe deu um beijo molhado, dizendo:

— Te amo, linda!

Ela riu gostosamente:

— Se você olhar para as meninas com essa carinha, nenhuma resistirá aos seus encantos.

— Por enquanto, meu coração é só seu!

— Falou bem, Leo! Por enquanto! Logo, logo você nem se lembrará de sua pobre mãe.

— Mãe, esse dia está tão longe quanto Plutão está do sol. — E sacudiu os cabelos molhando a mãe e dando-lhe outro beijo molhado.

— Onde está papai?

— Foi dar um mergulho. Você não viu? Olhe lá. Ele está brincando com Ana e Nicholas.

— Então, fico aqui fazendo companhia à mulher mais bonita desta praia.

— Meu Deus! Quanta rasgação de seda! Tome um pouco deste suco, então — Clara falou, estendendo um copo de suco de manga ao filho.

Pouco tempo depois, Roberto, Ana e Nicholas também se reuniram a eles. O mais novo reclamou de fome e pediu para ir embora.

— Espere, Nick, já estamos indo! Não precisa falar tantas vezes que quer ir embora! — o juiz Roberto Belucci estava ficando nervoso com a impaciência do menino.

— Calma, Roberto! — pediu Clara, recebendo um olhar de desaprovação. Sabia que o marido não gostava que ela interferisse quando ele repreendia algum dos filhos, mas era-lhe muito difícil controlar o impulso.

De seus três filhos, Nick era o mais problemático. Sempre querendo toda a sua atenção, não aceitava que Clara cuidasse dos outros filhos e procurava briga com os mais velhos por qualquer motivo. Leonardo e Ana tentavam ter paciência com Nick, mas, às vezes, era muito difícil. Ele batia nos irmãos e depois chorava, dizendo que haviam batido nele. Clara ralhava com Leo e Ana, dizendo que eles eram mais velhos e poderiam se controlar, e os dois irmãos ficavam indignados achando que Clara superprotegia o filho caçula. A situação, às vezes, ficava insustentável! Nessas horas, tinha vontade de enfiar-se por dias no bloco cirúrgico do hospital onde trabalhava e não sair de lá até que a paz voltasse a reinar em sua casa, contudo, ela precisava estar junto deles, separar as brigas e cuidar da família.

Naqueles dias, eles estavam de férias em Búzios e nem a beleza do lugar era capaz de influenciar beneficamente o espírito de Nicholas. Ele continuava choramingando, implicando com os irmãos, parecendo ter bem menos que seus dez anos de idade. Com 11 anos,

Ana já amadurecera o suficiente para não ligar muito para as implicações de Nick, mas Leo, talvez pelo fato de meninos demorarem mais para amadurecerem, se deixava levar, e o caos instalava-se.

Havia meses, Roberto tentava convencer Clara de que os dois precisavam viajar sozinhos, sem as crianças, até mesmo para reacenderem a chama da paixão que a rotina do dia a dia sempre enfraquece. A constante atenção que ela dispensava às crianças também era um ponto que contribuía para aumentar a distância entre o casal. Outro fator era o trabalho de Clara no hospital. Segundo Roberto, ela não tinha horários considerados "decentes", pois havia noites em que ele passava sozinho em casa, enquanto Clara estava de plantão no hospital. Como médica, Clara trabalhava nos fins de semana, enquanto Roberto, como juiz, nunca precisava passar um sábado ou domingo trabalhando nem precisava passar as noites em seu escritório ou no fórum.

— Quem sabe no nosso aniversário de 12 anos de casamento, Clara, possamos fazer uma viagem para a França — Roberto sugeriu, observando Clara pentear os cabelos.

Clara exultou de alegria com a possibilidade de conhecer aquele país, o único da Europa para o qual sempre tivera vontade de ir e que, curiosamente, era o único em que nunca sequer fizera uma escala de avião. Uma nuvem, porém, passou por seus olhos:

— E Nick?

Roberto olhou-a, chateado:

— Pense e me diga. Assim posso fazer as reservas. Sabe que não pode deixar Nick absorvê-la tanto! — ele não resistiu, acabou desabafando e saiu do quarto.

Clara sabia que precisava de um tempo sozinha com o marido e também sentia que, se quisesse preservar sua sanidade mental, teria de ficar alguns dias, que Deus a perdoasse, longe das crianças.

Ela vivia exausta, tentando equilibrar sua vida profissional com a familiar e sempre sentia que estava para "morrer na praia". Ela sabia que precisava descansar, mas também sabia que, mesmo que viajasse, não tiraria as crianças da cabeça e não conseguiria ficar despreocupada. Clara tinha a impressão de que, depois que se tornara mãe, nunca mais tivera um minuto de sossego, um momento em que não se preocupasse com os filhos, ainda que estivesse distante deles.

Roberto, no entanto, estava lhe acenando com a possibilidade de conhecer a França! Desde a infância, Clara tinha uma predileção especial por esse país. O idioma, a culinária, a moda, enfim, tudo o que era relacionado com a França sempre mexera muito com ela. Ela sonhava aprender francês quando criança, queria ter estudado em Paris e sempre pensava na causa de isso não ter acontecido, tendo em vista que não faltavam condições a seus pais para mandá-la estudar na França ou até mesmo passear em Paris. Porém, quis o destino que, embora tenha ido várias vezes ao exterior, nunca tivesse a oportunidade de visitar o país de seus sonhos.

Clara teve um sono sem sonhos naquela noite. Sempre era assim. Quanto mais se preocupava, mais sono tinha, e aquela noite não havia sido diferente. Ela acordou com o despertador às seis horas, levantou-se e foi ao quarto de cada um dos seus filhos para ver se haviam acordado para ir à escola. Todos tinham seu próprio despertador, mas ela se levantava, ia a todos os quartos, ajudava um a um, e, depois de lhes servir o café da manhã, os levava para a escola.

Nick sempre dava trabalho para se levantar. Clara chegava a ter horror da hora de acordá-lo, porque era, inevitavelmente, estressante. Ele chorava, cobria a cabeça, reclamava, brigava, batia, enfim, sempre fora terrível tentar tirar o garoto da cama. Até nas férias isso acontecia! Leo e Ana, por sua vez, não davam trabalho algum e ficavam bravos com o que Nick fazia, pois muitas vezes os atrasava com suas birrinhas.

Ao voltar para casa naquele dia, depois de deixar as crianças na escola, Clara pensava na viagem, enquanto dirigia. Decidira ir. Precisava dar uma chance ao seu casamento. Comemorariam 12 anos de casamento em grande estilo, resgatariam a antiga chama da paixão, e tudo se resolveria.

Clara chegou à sua casa feliz, cantarolando, e subiu até o quarto, onde Roberto estava deitado. Ela deitou-se ao lado do marido e fez-lhe um carinho, que ele retribuiu em seguida.

— Pode comprar nossas passagens, meu amor! Vamos para a França!

Roberto deu um beijo demorado na esposa. Ali estava sua Clara novamente, a mulher resolvida por quem ele se apaixonara. Viajariam em breve, descansariam e teriam muito tempo um para o outro. Feliz, ele começou a acariciá-la até que, apaixonados, se entregaram ao amor, aproveitando que, desta vez, nenhum filho apareceria na porta do quarto chamando a mãe.

135

CAPÍTULO 15

Clara despertou naquela manhã com um beijo apaixonado de Roberto. Estavam em Paris desde o dia anterior, e ela estava entusiasmada. Iriam visitar o Louvre e poderia, finalmente, ver de perto a famosa *Monalisa*. Paris recebera Clara e o marido com o charme da eterna Cidade Luz. Tudo era novidade para ela, que estava visitando o país pela primeira vez. Roberto, contudo, já estivera outras vezes na França tanto a trabalho quanto a passeio.

Era primavera, e as flores cobriam todos os cantos da cidade num maravilhoso espetáculo. No dia anterior, depois de descansarem, Clara e Roberto andaram um pouco pelos arredores do hotel em que estavam hospedados, na Place Vendôme, e, então, ela pôde ver o obelisco que Napoleão Bonaparte retirou do templo de Luxor, no Egito, para instalar no centro da Place de La Concorde, além de outras maravilhas, como o Jardim das Tulherias, que também ficava bem perto do hotel. Realmente, Paris era digna da alcunha "Cidade Luz".

No dia seguinte, após o café da manhã, o casal seguiu caminhando até o Louvre, pois o hotel, na Place

Vendôme, ficava perto dali. Clara não sabia explicar a emoção que sentia desde que chegara à cidade. Enfim, realizava seu sonho! Ao ver de longe o palácio renascentista que fora transformado no mais famoso museu de arte do mundo e ter diante de si toda a imponência da pirâmide construída por François Mitterrand, ela pensou que fosse desmaiar. Roberto fez questão de fotografá-la em todos os ângulos possíveis. Clara fez pose com a pirâmide ao fundo, à frente da imponente entrada do museu e olhando, extasiada, para o enorme edifício, guardião de um acervo inigualável, representativo de fantásticos dotes artísticos originários dos quatro cantos do mundo: o Museu do Louvre.

Na fila para comprar os bilhetes de entrada, ela olhava, admirada, tudo ao seu redor. A pirâmide estava, agora, acima dela. O Louvre possui quatro andares: o térreo, o primeiro, o segundo e o entressolho. E, como Clara entrara no museu pela pirâmide, ela estava um pouco abaixo do nível do entressolho.

Lá se tem a opção de entrar por uma das três alas do museu: o braço direito do museu, a Ala Denon, ao sul; a Ala Richelieu, ao norte, no braço esquerdo; e a Ala Sully, ao leste, área central do museu. Clara já sabia por onde começaria a visita. Estava ansiosa para conhecer a Ala Denon, a mais famosa do Louvre, com sua *Monalisa* e a Grande Galeria. Não quis subir de elevador, a fim de aproveitar ao máximo a visita, então subiu pela escada os dois andares até chegar à ala desejada. Logo em seguida, começou a ver as impressionantes esculturas gregas pré-clássicas, e, subindo ao térreo, encontrou as antiguidades romanas e etruscas, vasos, sarcófagos e tetos decorados com pinturas de anjos.

Antes de ver a *Monalisa*, Clara e Roberto passaram pela Ala Sully para ver as esculturas gregas mais famosas, como a Vênus de Milo e a Vitória Alada. Impressionada com a perfeição das esculturas, Clara sentiu um estremecimento igual ao que sentira em sua lua de mel quando visitou a Grécia, o segundo país que ocupava o coração da médica, tanto que, se ela acreditasse em reencarnação, pensaria que vivera na Grécia e na França, tamanha a sua admiração por tudo relacionado a esses dois países.

O casal passou pela Galerie d'Apollon, um salão luxuoso que abrigava quadros de personalidades francesas e joias da época dos reis. Mais uma vez, Clara sentiu um arrepio. Era como se ela conhecesse aquele tempo! Sentia uma nostalgia, uma saudade inexplicável, contudo, não sabia de quê.

Seu comportamento não passou despercebido a Roberto, que perguntou:

— Sente-se bem, Clara? Está cansada?

— Ah! Sim, obrigada. Talvez fosse bom nos sentarmos um pouco naquele café que vimos ali atrás.

E assim fizeram. Como já estava próxima a hora do almoço, fizeram um lanche rápido e depois visitaram a *Monalisa*. Após admirarem a famosa pintura, caminharam até a Grande Galeria e à Ala Richelieu, onde visitaram a galeria Médicis e viram os grandes quadros pintados por Rubens, ilustrando eventos da vida da rainha de Médicis. Passaram pelo primeiro andar, onde encontraram os "objets d'art" com os *apartements* de Napoleão III. Viram também as esculturas francesas que ficavam no térreo e visitaram a área da Mesopotâmia. Quando concluíram a visita a essa ala, voltaram para a Ala Sully, onde Roberto admirou o corredor dedicado ao Egito dos tempos dos faraós. No fim do dia, cansados, mas felizes, voltaram ao hotel para descansar. No dia seguinte, completariam 12 anos de casamento e queriam comemorar em grande estilo.

Ao chegar ao hotel, Clara telefonou para a casa da mãe para conversar com os filhos. Sílvia aceitara de bom grado hospedar as crianças durante a temporada de férias de Clara e Roberto. Nick chorou ao conversar com a mãe, que entrou em desespero em Paris, sem nada poder fazer para acalmar o filho. Quando desligou o telefone, Clara estava chateada, o que deixou Roberto agastado:

— Você deveria telefonar menos para o Brasil. É uma ligação para falar que chegou bem e outra somente uma semana depois. Está vendo? Fica doida para telefonar e depois fica chorando pelos cantos.

— Você jamais entenderá a cabeça e o coração de uma mãe, Roberto — Clara respondeu, magoada. Às vezes, ela não entendia Roberto. Sabia que ele pensava em seu bem, mas achava que o marido era muito frio no que dizia respeito às carências de Nick. Ele dava muito mais atenção a Leo, que não era seu filho, que a Nick, chegando a ser muito ríspido com o menino em determinados momentos.

Estava bastante frio ao amanhecer no dia seguinte. Roberto preparara uma programação especial para comemorar o aniversário de casamento. Começariam o dia visitando a Torre Eiffel[1], símbolo de Paris, e depois iriam à Catedral de Notre Dame. Voltariam ao hotel, se aprontariam para um jantar especial e terminariam a noite assistindo a um espetáculo no Moulin Rouge.

---

1 Carinhosamente chamada pelos franceses de "A Dama de Ferro", é um magnífico monumento de 317 metros de altura.

Clara transcendia felicidade e adorou cada minuto da programação que Roberto preparara para aquele dia. Ela tinha de reconhecer que o marido sabia agradar uma mulher. Quando foi conhecer a Torre Eiffel, ela nem se importou em ficar quase trinta minutos esperando na fila para comprar o ingresso e em ter de esperar mais alguns minutos para tomar o elevador. Roberto contou-lhe que, inicialmente, a torre seria apenas uma estrutura temporária, construída no Campo de Marte ao lado do Rio Sena para a Exibição Universal de Paris em 1889, a fim de demonstrar toda a tecnologia referente a estruturas metálicas dominada na época e com a finalidade de comemorar os cem anos da Revolução Francesa, que ocorreu em 1789. A estrutura seria desmontada no final da exposição ou ficaria erguida no máximo durante vinte anos até o término do contrato de exposição do projeto. Ele também contou que a torre possuía sete mil e trezentas toneladas quando foi construída, mas que, atualmente, deveria ter mais de dez mil, pois lá são abrigados restaurantes, museus, lojas e muitas outras estruturas que a torre não possuía na época de sua construção. Os últimos vinte metros dessa magnífica torre correspondem a uma antena de rádio que foi adicionada posteriormente.

No último andar, Clara ficou impressionada, pois as esculturas em cera de Monsieur Gustave Eiffel estudando seus projetos em seu escritório, bem como as de sua filha e do gênio Thomas Edison, que cruzou o Atlântico só para ver tal maravilha arquitetônica, pareciam vivas. Roberto, que era extremamente culto, contou a Clara que Gustave Eiffel fora responsável também pela estrutura da Estátua da Liberdade que a França deu de presente à cidade de Nova York e pela cúpula do observatório astronômico francês de Nice. Ele também comentou com a esposa que, embora pesasse toneladas, a torre exercia sobre o solo a mesma pressão de uma pessoa sentada em uma cadeira, em torno de quatro quilos e meio. Clara estava muito impressionada. Ao descer da torre, Roberto e Clara almoçaram no luxuoso restaurante Le Jules Verne, no segundo piso, tendo Paris aos seus pés, numa maravilhosa visão.

O tempo em Paris pode ser caprichoso, uma linda manhã de sol pode rapidamente se transformar num céu carregado, acompanhado de um ventinho ligeiramente frio. Clara já estava sentindo bastante frio no alto da torre, pois os ventos eram muito mais fortes, mas, mesmo sendo início da primavera no hemisfério norte, ainda estava bastante frio, mesmo ao descer para seguir até Notre Dame.

Clara sentiu uma emoção indescritível ao visitar a catedral de Notre Dame com seus vitrais deslumbrantes, sua arquitetura repleta de esculturas e a vista magnífica que se tem ao chegar ao alto, perto das gárgulas ameaçadoras, depois de subir cerca de quatrocentos degraus. Mais uma vez, Roberto tinha o que contar sobre o monumento que estavam visitando, ele contou a Clara que as obras de sua construção tiveram início no ano de 1163 e terminaram cento e oitenta e dois anos mais tarde, no ano de 1345. A Catedral fora construída ainda na Idade Média! Isso era impressionante demais!

Ao voltar para o hotel, passaram pela Avenue de Champs-Élysées. Clara achou que apenas o trecho dessa avenida que vai da Place de La Concorde ao Grand Palais já lhe vale o título de "mais bela avenida do mundo". É nesta avenida que se encontram as lojas mais caras e mais luxuosas, como a famosíssima loja da Louis Vuitton, onde Clara foi recebida por elegantes rapazes vestidos de terno preto, gravata e, nos ombros, uma faixa vermelha com os logos da grife. Passaram também pelas Galerias Laffayete, e foi lá que Clara comprou perfumes para si e para levar de presente para sua mãe e algumas amigas.

Foram rapidamente ao hotel a fim de se trocar para o espetáculo no Moulin Rouge. Assistiram ao espetáculo *Féerie*, um maravilhoso *show* de dança e música, onde havia até mesmo uma dançarina dentro de uma enorme piscina transparente, no meio do palco, dançando com jiboias! Quando chegaram ao hotel, a noite, para eles, estava apenas começando. Entregaram-se a uma paixão arrebatadora como se nada existisse no mundo a não ser seu amor. Muito tempo depois, adormeceram exaustos, mas felizes, nos braços um do outro.

No dia seguinte, ao acordar, Clara não escondia a emoção. Naquele dia iriam até Versailles. Sempre tivera vontade de conhecer aquele que fora considerado o maior palácio do mundo em sua época, amplamente copiado e símbolo da monarquia absolutista, a mais famosa de todos os tempos.

Saíram logo após o café da manhã. Resolveram ir de trem, para que a viagem ficasse mais emocionante. Depois de percorrer os vinte e um quilômetros que separam Paris de Versailles, Clara e Roberto desceram do trem na estação de Versailles-Rive Gauche a apenas três quarteirões de distância do palácio. Percorreram a pé o trajeto até que Clara pudesse ver, ao longe, a estrutura imponente do Chateau de Versailles. Indescritível a emoção que ela sentiu quando olhou pela primeira vez para a silhueta que se destacava na paisagem ao virar uma esquina onde se vendiam inúmeros *souvenirs* da França.

Clara ficou parada, olhando, extasiada, para a enorme construção. Sentiu novamente aquele arrepio e estremeceu assustada. Atribuiu à emoção aquilo que estava sentindo tão amiúde. Roberto percebeu o tremor de Clara:

— Está com frio?

— Na verdade, não — respondeu Clara. — Acho que é emoção. Vamos logo, meu amor, a fila está muito grande.

Eles ficaram na fila para entrar no palácio aproximadamente quarenta e cinco minutos, quando puderam, então, entrar.

Nem bem entraram no palácio, Clara sentiu outro arrepio ainda mais forte que o anterior. Desta vez ela sentiu que cambaleava e segurou em Roberto. Ele a olhou assustado e levou-a para fora.

— Respire um pouco. O que está acontecendo, Clara?

— Não sei, Roberto. Tenho a sensação que uma mão está me pressionando o peito e me apertando o pescoço, como a me enforcar! Estou me sentindo sufocada, sem ar...

— Quer voltar a Paris?

— Não! — Clara quase gritou. — É claro que não, meu amor. — Falou mais calma. — Vamos entrar, quero conhecer a Galeria dos Espelhos.

Ao entrarem novamente no palácio, Clara estava tentando se controlar com todas as suas forças. Não queria ser desmancha-prazeres naquele passeio nem tampouco queria deixar de conhecer Versailles todo. Se passasse mal novamente, Roberto, certamente, iria querer ir embora. Assim, usando todo seu autocontrole, Clara foi a cada um dos aposentos e salões do palácio.

Tirou fotos na Galeria dos Espelhos, no quarto da rainha, nos salões adjacentes do quarto do rei, comprou *souvenirs* na lojinha do palácio e, então, saíram para pegar o trem envidraçado que os levaria a um passeio pelos jardins. É bem verdade que, ao entrar na Galeria dos Espelhos, Clara se sentiu ainda mais sufocada. Precisou usar todo o seu autocontrole para não desmaiar ali mesmo. Sentia uma saudade inquietante, de um lugar onde nunca havia estado e de um tempo muito anterior ao que vivia.

  Ao sair de lá, enquanto percorria os jardins de Versailles, Clara tinha a estranha sensação de que conhecia aquele lugar. Parecia estar reconhecendo uma fonte com a estátua de um deus grego, a Fontaine du Bassin d'Apollon, onde o deus Apolo estava representado numa escultura dourada, emergindo das águas com a face voltada para o sol nascente, sobre seu carro puxado por quatro cavalos, rodeado por quatro tritões e quatro peixes, pronto para efetuar sua volta ao redor da terra, mas... como?!?! Jamais estivera na França antes! Certamente estava se lembrando de alguma fotografia dos jardins de Versailles. O curioso é que não sentiu a mesma coisa quando avistou o "Petit Hameau", que foi criado para Maria Antonieta em 1783. A fonte fora criada em 1671. Curiosa a sensação de reconhecer uma fonte do século XVII e não reconhecer uma construção do final século XVIII. Quando viu fotografias dos jardins de Versailles, certamente vira fotos do Grand e do Petit Trianon, da Bassin Latone, do "Petit Hameau" e de outras maravilhas que existem por lá, por que, então, só sentiu que conhecia a fonte de Apolo? E dentro do palácio, que estranha sensação de conhecer a Galeria dos

Espelhos e a entrada imponente, como se já tivesse estado várias vezes naquele lugar?

Achando tudo aquilo ainda muito estranho, Clara terminou sua visita a Versailles já bem tarde, enquanto caminhava pensativa ao lado de Roberto em direção à estação a fim de tomar o trem que os levaria de volta a Paris.

Ainda ficaram em Paris mais dois dias, e Roberto levou Clara para conhecer a Basilique du Sacré Coeur, que coroa a colina de Montmartre numa belíssima construção de estilo romano-bizantino iniciada em 1875 e finalizada em 1914. Continuando com suas adoráveis explicações que tanto encantavam Clara, Roberto contou que até o século XIX, Montmartre não passava de uma aldeia situada fora das fortificações parisienses, mas hoje, além da Basilique du Sacré Coeur, que se ergue maravilhosamente no topo, existem na colina mais de sete museus. Ao visitar o Sacré Coeur, Clara não sentiu nenhum incômodo.

Depois, saindo de Paris, passariam por Dijon, Lyon, St. Étienne e, já chegando aos Pirineus, chegariam a Toulouse, na região do Languedoc, às margens do Rio Garona e depois retornariam a Paris para pegar o avião de volta para o Brasil.

Clara adorou cada minuto da viagem pelo interior da França. Ao saírem de Paris, passaram pela região de Champagne que ela queria muito conhecer. Depois, foram até o Vale do Loire, onde ela se encantou com os castelos de Amboise e Chambord. Descendo um pouco mais, percorreram a parte velha de Lyon às margens do Rio Saône; visitaram, na região do Languedoc, a cidadela de Carcassonne, com seu duplo cinturão de muralhas repletas de torres e ameias. Clara também ficou maravilhada com as pequenas aldeias medievais que conservaram suas antigas características.

Quando chegaram a Toulouse, ficaram hospedados nos arredores em um castelo transformado em hotel, e, então, Clara voltou a sentir-se muito mal. As tonturas eram constantes, e ela tinha uma sensação de sufocamento horrível. Por essa razão, tiveram que antecipar a volta a Paris, onde ficaram até Clara se sentir melhor. Em Paris, ela também sentiu-se mal, mas muito menos que em Versailles e menos ainda que em Toulouse. Roberto queria voltar logo ao Brasil e acabou antecipando a volta em três dias, o que fez a alegria dos filhos.

Sem saber que os pais haviam voltado um pouco antes devido ao estado de saúde de Clara, os três ficaram felicíssimos ao ver que teriam a mãe em casa por três dias antes que ela voltasse a trabalhar.

Clara aproveitou ao máximo esses dias com os filhos, pois eram raras as ocasiões em que podia ficar com eles sem se preocupar com o trabalho. Três dias depois, ela retornou ao hospital, já com duas cirurgias agendadas em parceria com seu colega Paolo Rossi. Ela gostava muito de operar junto com o doutor Rossi, pois, além de um grande amigo, ele era um médico excelente.

Ao encaminhar-se para o bloco cirúrgico, antes de iniciar a primeira cirurgia, Clara sentiu uma súbita tonteira e a partir daí não viu mais nada.

Ela acordou na UTI do hospital em que trabalhava, ligada a inúmeros aparelhos e sob o olhar atento e preocupado do marido e do doutor Paolo Rossi. Soube que ficara "dormindo" por três dias e achava isso muito pouco normal, principalmente porque, ao acordar, tinha uma pesada sensação de que havia *estado* em outro país, em outra época, chegando a se lembrar com detalhes de uma espécie de sonho, em que ela tinha um doce amor, Bernard... Cálida lembrança, cheia de saudades... Que bobagem! Saudades de um sonho? Mas parecia tão real! Certamente, não poderia contar a Roberto que sonhara com outro homem que nem sequer existia e que sentia uma profunda saudade dentro de si. Se ela não entendia o que se passava, imagine Roberto!

Clara sentia a cabeça doer terrivelmente, e, assim sendo, o doutor Rossi, embora tivesse lhe dado alta da UTI, quis que ela permanecesse no hospital até o dia seguinte, pois, embora ela parecesse bem, e os exames nada tivessem acusado, não podiam se esquecer de que a médica estivera três dias adormecida sem nenhuma explicação.

Roberto concordou com o colega da esposa, pois também estava preocupado. Ele contou a Paolo o que Clara sentira durante a viagem à França, o que deixou o doutor apreensivo. O médico, então, decidiu conversar a sós com Clara, quando ela estivesse mais forte.

Ela adormeceu novamente e, ao acordar, aquela sensação de que estava "vivendo" outra vida continuava a acompanhá-la. Clara sentiu alegria quando viu Paolo entrar em seu quarto, pois, assim, evitaria pensar no assunto.

— Como vai minha ilustre paciente? — Paolo sorria, mas estava muito preocupado.

— Bem! — Clara respondeu sem muita convicção.

— Não parece, minha amiga! Tem certeza?

— É verdade, Paolo. Há uma coisa que está me perturbando muito — Clara, então, contou a Paolo tudo o que acontecera durante a viagem à França e sobre o estranho sonho que parecia incrivelmente real, em que ela era uma donzela francesa, que amava um rapaz chamado Bernard.

— Clara... — começou Paolo com cuidado. — Você já pensou em fazer TVP?

Clara riu alto.

— TVP? O que é isso, Paolo?

— Terapia de Vidas Passadas.

— Paolo! Estou falando sobre uma coisa séria, e você me vem com Terapia de Vidas Passadas?!

— Estou falando sério, Clara! Normalmente, a TVP não é muito recomendada se a pessoa estiver somente interessada em "saber quem ela foi" em outra vida, mas, no seu caso, acho que é perfeitamente indicado, pois existe algo grave a perturbando!

— Você acredita mesmo nisso, Paolo?

— Nunca falei tão sério em toda a minha vida. Às vezes, as lembranças de uma vida passada nos perturbam, e não sabemos o motivo. É nesses casos que a TVP é aconselhável, pois pode ajudar a pessoa a entender o que se passou com ela em outras vidas e qual é sua missão na existência atual.

— Você realmente acredita que existem outras existências, quero dizer, que estamos reencarnando?

— Mas é óbvio, Clarinha. Vivemos em constante evolução! A cada existência procuramos aperfeiçoar nosso espírito, resgatando débitos antigos do passado e caminhando rumo à evolução espiritual. Se você quiser, posso indicar-lhe um terapeuta sério e extremamente capaz, que poderá ajudá-la.

— Bem, ainda não acredito muito nisso, mas confio em você, meu amigo. Se está dizendo que posso ser ajudada, eu quero! — E assim, Clara pegou o endereço e o telefone do terapeuta que seu amigo conhecia e marcou uma consulta para a semana seguinte. Enquanto aguardava o dia da consulta, Clara leu inúmeras reportagens a respeito de Terapia de Vidas Passadas e o livro do psiquiatra americano Brian Weiss, *Muitas vidas, muitos mestres*, vencendo, aos poucos, sua resistência.

CAPÍTULO 16

Clara estava trêmula quando entrou na ampla sala de espera do consultório do doutor César Pacheco. Ela mergulhou numa profunda reflexão, buscando entender de onde vinham os ecos de outra existência para perturbá-la justamente agora que sentia que sua vida estava no rumo certo.

— Doutora Clara Belucci, o doutor César está à sua espera.

Ao ouvir a voz da recepcionista, Clara saiu de suas lembranças e, levantando-se, encaminhou-se para o consultório, onde foi recebida amavelmente por um homem alto que, embora tivesse um olhar tranquilo que expressava uma enorme bondade, tinha uma aparência muito séria.

Clara afundou-se em uma poltrona confortável em frente à mesa de doutor César, onde ele se instalou para preencher a ficha com as informações que julgava necessárias ao exame.

— Bem, Clara... — começou César. — O que a está afligindo?

— Ah! Doutor César, na semana passada aconteceu algo muito estranho... Eu tinha chegado de uma viagem de férias e, no primeiro dia de trabalho, desmaiei e permaneci desacordada por três dias. Quando acordei, tive a nítida impressão de que havia "estado" em outro corpo, em outra época, na França do século XVIII. Eu me lembro de um rapaz de quem eu gostava muito, de nome Bernard, de um castelo no interior da França, de Versailles, mas tudo isso na pele de outra pessoa, como se fosse outra vida!

— Para onde você foi durante suas férias?

— Para a França. Fiquei vinte e dois dias viajando por lá.

— Hum! Isso é muito sintomático. Aconteceu alguma coisa que julgasse estranha? Você passou por algum lugar que tenha lhe despertado uma emoção diferente?

— Sim, doutor César. Eu me senti muito mal por diversas vezes, sem ar, como se uma mão me prendesse o pescoço. Além disso, tive tonteiras em vários lugares que visitei.

— Por exemplo...?

— Quando visitei o Louvre, senti um ligeiro tremor ao ver as joias antigas da coroa. Mas me senti muito mal mesmo em Versailles e em Toulouse, já no fim da viagem. Também me lembro de ter tido a nítida sensação de que conhecia a Galeria dos Espelhos em Versailles, sem nunca, contudo, ter estado lá, e a Bassin d'Apollon, nos jardins do palácio. Nesses dois últimos lugares a sensação foi muito forte.

— Está claro para mim que, embora conscientemente você não tenha percebido, alguma coisa ativou lembranças antigas em seu inconsciente, trazendo-as à tona. Como disse, você passou por experiências estranhas, sentiu-se mal e teve a sensação de estar revendo alguns lugares.

— Sim, foi exatamente isso.

— Então, vamos descobrir o que aconteceu exatamente, usando nossos métodos de regressão a vidas passadas. Por favor, acomode-se no divã e relaxe. Sinta-se confortável e não tenha medo. Essa experiência não lhe fará nenhum mal.

Dizendo isso, fechou as cortinas, escurecendo a sala e colocou uma música suave e harmoniosa ao fundo.

— Relaxe, Clara, fique tranquila, feche os olhos e solte o corpo. Acompanhe apenas o som da minha voz. Vou contar até sete e, quando eu chegar ao número quatro, você começará a dormir... Um... dois...

Os olhos de Clara começaram a ficar pesados.

— Três...

Clara distanciava-se do mundo real e penetrava mais fundo na névoa.

— Quatro...

Clara já dormia profundamente, enquanto o doutor César lhe perscrutava o rosto para avaliar o grau de sono de sua paciente.

— Cinco... seis...

Clara continuava a dormir profundamente.

— Sete!

Uma pausa. A música encheu suavemente o ambiente, e apenas a respiração pausada de Clara se fazia ouvir.

— Clara? — doutor César perguntou: — Está me ouvindo?

— Sim.

— Onde você está agora?

— Estou em um campo colhendo flores.

— Há mais alguém com você?

— Não. Estou só... sim, acaba de chegar um rapaz desconhecido — Clara falava como se estivesse em outra época.

— Qual é o nome dele?

— Não sei; não devo encorajá-lo a uma conversa. Não é correto!

O doutor César esperou ainda um tempo.

— Clara?

— Sim.

— O que está acontecendo agora?

— Estou correndo de volta ao castelo de meu pai. Estou muito atrasada.

— Já sabe o nome do rapaz?

— Sim, ele se chama Bernard.

— Como você se sente em relação a ele?

— Ah! — Clara sorriu languidamente. — Ele já ocupa meus pensamentos e, quiçá, meu coração.

Ela continuou contando ao doutor César o que aconteceu no primeiro encontro que tivera com Bernard, na longínqua França do ano de 1747.

Doutor César ouvia com atenção a narrativa de Clara, com o gravador em punho. Quando se completou o tempo da consulta, ele começou a trazê-la de volta:

— Agora, você vai voltar, Clara. Vou contar até sete e, quando eu disser o número sete, você abrirá os olhos.

— Um... dois... três...

Lentamente, Clara começou a sair de sua letargia.

— Quatro... cinco... seis...

Clara já estava quase completamente acordada.

— Sete!

Clara abriu os olhos, assustada.

— O que estou fazendo aqui? Não estou entendendo! Como posso ter estado no passado e agora estar de volta, desta vez sem dor de cabeça — Clara riu.

— É que aqui, Clara, nós permitimos que as lembranças venham como se fossem sonhos, trazendo revelações do passado.

— Será que vivi tudo aquilo, então, doutor César?

— É possível. Sabe em que época esteve?

— Não faço ideia. Vi um castelo, minha mãe, meu pai, uma gorda ama e... Bernard.

— Sabe o nome do lugar? O país provavelmente é a França, por causa do nome "Bernard" e devido ao fato de você ter se sentido daquela maneira quando viajou de férias.

— Não me lembro, mas provavelmente é da França mesmo que estamos falando, pois me chamavam de Catherine, e meu pai era o Barão d'Auvernay.

— Já é um bom começo, Catherine — riu o doutor César. — Tenho comigo muitos livros antigos, que trazem levantamentos de historiadores renomados que consultaram velhos registros, reconstituindo a história de pessoas anônimas que viveram em épocas passadas. Acho que não teremos dificuldades para descobrir mais sobre a época em que esteve. Lembra-se, por acaso, se Bernard era nobre ou plebeu?

— Ele era filho do Marquês de Montserrat.

— Ótimo, Clara! — aplaudiu o terapeuta. — Está mais fácil ainda reconstruir sua história. Quando vier na próxima semana, acho que já terei informações a lhe oferecer sobre seu passado.

Clara despediu-se do doutor César e foi para casa, onde Roberto a esperava, ansioso.

— Então, minha querida, como foi a consulta?

Roberto achava aquela ideia um tanto quanto estapafúrdia, mas respeitava a vontade de Clara em seguir o conselho do amigo Paolo. Ele também achava estranho que um homem com a cultura de Paolo Rossi acreditasse em vidas passadas, mas, sendo para a cura de Clara, ele aceitara a ideia.

Clara contou a Roberto os pormenores de sua consulta, até mesmo o nome de Bernard, que antes relutara em citar. Achava que tinha de ser verdadeira com o marido, ademais, considerava tudo uma lenda agradável e não como um fato. Ainda custava a crer que realmente vivera na França em outra existência.

— Sabe o que é mais interessante, Roberto? — Clara começou a falar. — Eu estava me lembrando de que, nas minhas brincadeiras de criança, quando eu brincava de ser moça e inventava um nome para usar, sempre escolhia *Katherine* ou *Kate*, em inglês, porque, naquela época, eu não tinha muito contato com o francês. Será que isso estava em meu subconsciente?

— Então, você já está pensando mesmo que foi essa Catherine em outra vida? — riu Roberto, debochando. — E eu? Fui o tal Bernard?

— Ah! Roberto, não fale assim comigo! Você sabe que estou confusa. Não fique achando que sou uma bobona.

— Coitadinha! Tão bobinha! — zombou Roberto e saiu rindo sozinho.

Leonardo estava perto e abraçou a mãe, dizendo:

— E eu, mamãe? Quem fui na outra vida? Alguém que a amava muito, certamente.

Clara deu um beijo no filho e respondeu:

155

— Não sei ainda quem vocês foram, mas parece que todos nós vivemos naquela época e tivemos contato uns com os outros.

— Gostaria de saber quem eu fui, mãe. Seria interessante!

— É claro que seria muito interessante, e acho que ainda descobriremos isso, afinal, fiz apenas uma sessão! Leo, você sabe onde estão Nick e Ana?

— Ana ainda não chegou da aula de balé, e Nick está no *playground* com os colegas.

— Então, vou tomar um banho e relaxar um pouco.
— Clara beijou novamente o filho e subiu para o quarto.

Enquanto relaxava na banheira de hidromassagem, Clara pensava naquele possível passado seu, até então desconhecido. Seria Roberto a reencarnação de Bernard? Era possível, pois somente com ele conseguira ter um bom relacionamento amoroso. Mas ela não entendia uma coisa. Se Roberto era Bernard, por que, então, se apaixonara tantas vezes? Seria muito mais natural que somente se apaixonasse perdidamente quando conhecesse Roberto, contudo, ela se apaixonara intensamente pelo menos quatro vezes! E em todas essas vezes desejara morrer de amor ao perceber que o relacionamento terminara. Isso ela não conseguia entender, porém, perguntaria ao doutor César na próxima consulta. Era certo que era Clara quem sempre rompia os relacionamentos, contudo, isso acontecia porque ela percebia que não havia chance de dar certo, como no caso de Antonio, ou que eles tinham outra mulher e ela não queria ser "a outra", como aconteceu com Fábio, com Gustavo e, por fim, com Augusto. Sempre que rompia os relacionamentos, Clara sofria terrivelmente e estava certa de que Roberto desejaria ardentemente ter sido

Bernard, isto é, se ele acreditasse numa outra existência além daquela.

Depois de relaxar durante mais ou menos meia hora, Clara saiu da banheira, passou seu creme preferido no corpo, pôs um roupão e foi ver se Nick e Ana já haviam chegado.

A família reuniu-se ao redor da mesa de jantar e conversou animadamente sobre o interessante assunto que Clara estava vivenciando. As crianças estavam excitadíssimas com a possibilidade de terem sido nobres em alguma outra existência, e Ana chegou a perguntar à mãe:

— Mamãe, teria possibilidade de eu ter sido princesa naquela vida?

Clara sorriu:

— Princesa você já é, minha querida. A nossa princesinha. Mas creio que tudo é possível, minha gatinha linda! Assim que souber quem você foi, eu lhe conto, certo?

— Ah! Imagine só, mamãe: eu com um lindo vestido de seda cor-de-rosa, dançando em um baile no palácio de Versailles! — E levantou os olhos sonhadores, numa expressão tão romântica que fez todos rirem.

— Ana, pare com isso! Você deve ter sido uma escrava, por isso veio agora com todo esse "topete"! — Nick provocou.

Ana estava tão contente com a possibilidade de ter sido uma princesa que, envolta em seu sonho, não ouviu a provocação de Nick.

Roberto ouvia a conversa com certa preocupação. Como ele não acreditava muito naquela história de vidas passadas, preocupava-se com o que percebia estar acontecendo com sua família. Sentia-os envolvidos com uma história que ele pensava ser perigosa. E se eles começassem a acreditar mesmo naquilo? Roberto temia que Ana, tão enlevada, passasse a viver sonhando pelos cantos dali para frente. Precisava prestar atenção no que estava acontecendo com sua família.

    Após o jantar, Roberto sugeriu um passeio a fim de dispersar os pensamentos que, ele sabia, estavam martelando a cabeça de todos. Saíram os cinco animadamente, tomaram sorvete, admiraram a lua e voltaram para casa bem mais tarde, já na hora de dormir.

    Naquela noite, quando foi se deitar, Clara ficou pensativa. Roberto respeitou seu silêncio. Sabia que aquela situação era enervante para ela. Ele também sentia, sem querer, um pouco de ciúme do tal Bernard. Sentia-se ridículo por isso, mas era inevitável ter ciúmes daquele fantasma de araque! Ah! Por que aquilo viera perturbar sua vida familiar? Qual era o sórdido objetivo do destino ao pregar-lhes aquela peça? Pensando assim, Roberto adormeceu, e, não por acaso, sonhou com castelos e campos floridos. Ele nem imaginava que fizera parte daquele passado, daquela vida e o quanto suas ações interferiram na vida de Clara.

CAPÍTULO 17

Clara chegou cheia de curiosidade ao consultório do doutor César naquela tarde. Ansiava poder voltar ao século XVIII e rever Bernard. Queria saber mais sobre "seu passado" e matar um pouco a saudade absurda que sentia do rapaz. Dessa saudade ela não falou para ninguém, pois faria Roberto sofrer muito e sem nenhuma razão.

Quando a secretária chamou seu nome, Clara levantou-se animadamente e foi ao encontro do doutor.

— Clara! — doutor César cumprimentou-a jovialmente. — Seja bem-vinda! Como passou?

— Bem, doutor César, muito bem. Só estou um pouco curiosa.

— Isso é natural — o médico respondeu. — Preciso lhe dizer que tenho boas notícias. Andei pesquisando e verifiquei que realmente o Barão d'Auvernay e o Marquês de Montserrat existiram. Quanto à filha do barão, ainda não pude levantar nada. O marquês teve dois filhos: Bernard e Pierre de Montserrat. — O médico parou de falar e perscrutou o rosto de sua paciente.

Clara não escondeu seu contentamento. Então, Bernard realmente existira! "Seu" Bernard não era fruto de sua imaginação! E, se ele existira, era bem provável que ela também tivesse vivido no corpo de Catherine! Isso era fantástico! Estava começando a acreditar que vivera mesmo no século XVIII.

— Isso é muito bom, doutor César... — Clara foi um pouco reticente ao falar.

O médico, entretanto, não se deixou enganar pelas palavras comedidas de Clara. Ele vira a expressão de contentamento da médica e sabia que ela estava muito mais feliz do que queria demonstrar. Ele foi bastante discreto quando disse:

— Então, vamos iniciar mais uma de nossas viagens ao passado, Clara. Por favor, acomode-se.

Clara acomodou-se sobre as almofadas do divã e fechou os olhos. O terapeuta fez como da vez anterior: fechou as cortinas, apagou a luz e colocou uma música suave, que encheu todo o ambiente.

— Agora relaxe, Clara. Eu vou começar a contar. Preste atenção apenas no som da minha voz. Quando eu chegar ao número um, você estará mergulhada num sono profundo. Sete... seis... — Clara começou a relaxar. — Cinco... Clara, relaxe um pouco mais... Quatro... você está adormecendo... Três... você está num sono cada vez mais profundo... Dois... mais profundo... Um!

Nesse momento, doutor César fez uma pausa e ficou observando sua paciente para verificar se ela estava mesmo em sono profundo. Ele ligou o gravador e chamou:

— Catherine, está me ouvindo?

Clara respondeu:

— Sim.

— Onde você está?

— Estou nos jardins de Versailles. Está uma linda manhã ensolarada.

— O que está fazendo, Catherine?

— Estou apenas passeando. Não!!!! — o grito que Clara deu foi horrendo! Doutor César perguntou apressadamente:

— O que está acontecendo, Catherine? Por que esse grito?

— Alguém me agarrou! Taparam minha boca! Estou amordaçada! Estão me levando carregada, não sei para onde! — Clara suava frio, deitada sobre as almofadas.

— Conte-me o que está acontecendo!

— Acabo de ser jogada no fundo de uma embarcação. Sinto um cheiro horrível — Clara continuou descrevendo para o doutor César tudo o que acontecera naquela fatídica manhã até a hora em que, desesperada, saltou do penhasco.

— Sinto uma dor infinita. É como se milhares de facas penetrassem na minha pele. Tem muita água e estou sendo puxada para o fundo. Socorro! Não posso respirar! Estou engolindo muita água! Socorro! — e, dizendo isso, Clara mergulhou num silêncio profundo.

O terapeuta viu que era chegado o momento de trazer Clara de volta e começou:

— Clara, você deve acordar agora. Vou contar de um a sete e, quando eu chegar ao número sete, você abrirá os olhos. Um... dois... Despertando Clara... Três... quatro... Acorde devagar, Clara... cinco... — o médico falava pausadamente. — Seis... — Mais uma pausa. — SETE!

Clara abriu os olhos. Ainda suava frio devido à forte emoção pela qual passara, e suas mãos estavam geladas.

— Tudo bem, Clara? — perguntou o doutor César.
— Foi horrível!

Como se não bastasse o fato de Clara não ter reencontrado Bernard, conforme esperara, ainda passara pela pior situação de toda a sua vida.

— Parece que você vivenciou o momento de seu desencarne, Clara. Ao que me parece, tentaram assassiná-la, e você, para se livrar daquele marinheiro, saltou do penhasco, morrendo afogada. Você tem medo de água, Clara?

— Curioso... isso faz sentido! Tenho pânico de lugares altos. Subir em uma escada pequena, daquelas que usamos em casa para alcançar uma cortina ou uma prateleira mais alta, já me causa verdadeiro pavor. Não olho pela janela em edifícios altos, embora não tenha medo de viajar de avião. Mas isso tem explicação, pois, uma vez dentro do avião, sei que não vou despencar pela janela — Clara concluiu, quase sorrindo. — Quanto ao medo de água, não tenho propriamente medo, contudo, nunca consegui me sentir suficientemente segura para nadar em lugares fundos. Se não sentir meus pés tocando o fundo, entro em pânico, afundo e chego a engolir água!

— Realmente, isso faz sentido, Clara. Ter morrido afogada depois de cair de um penhasco provoca em você, hoje, esse medo de altura e a sensação de insegurança dentro da água.

— Doutor, na consulta passada, eu mal comecei a "ver" minha vida no século XVIII e já morri? Isso é tudo que poderei ver?

— Não, Clara. Essa regressão não segue uma cronologia. Você poderá se recordar de várias coisas, mas não necessariamente na ordem em que aconteceram. O momento de seu desencarne foi muito marcante para você, pois não aconteceu de forma suave. Seu desencarne foi traumático, o que explica seu trauma e também o fato de você se recordar mais rapidamente desse episódio. Lembre-se, Clara, o canal de comunicação foi aberto, e agora as lembranças virão.

— É claro, doutor César. Eu compreendo. Muito obrigada por tudo. — Clara levantou-se.

— Até a próxima consulta, Clara.

Clara saiu pensativa do consultório do doutor César. Não havia dúvida de que muita coisa se esclarecia agora. O medo absurdo de altura que ela sentia, sua relação pouco amigável com a água... Porém, uma coisa não se encaixava: Clara tinha "visões" frequentes de si mesma sofrendo um acidente automobilístico e morrendo. Via pessoas chorando à sua volta, via seu próprio corpo machucado dentro de um veículo e tinha a nítida sensação de ter morrido.

Como não pensava muito sobre a possibilidade de existir outra encarnação, Clara achava que aquilo provavelmente se devesse a um medo escondido que se manifestava eventualmente, porém, agora que aceitava a hipótese de ter vivido em outra época, achava estranho o fato de "se ver" sofrendo um acidente de carro, sendo que não existiam veículos motorizados no século XVIII.

Ainda pensando, Clara entrou no carro e foi dirigindo para casa, onde se fechou no quarto. Roberto chegou bem mais tarde, e a empregada avisou-o de que Clara estava no quarto. Ele, então, foi quase correndo ao encontro da esposa, ansioso para saber se ela estivera novamente com aquele fantasma chamado Bernard.

Roberto encontrou Clara abatida, com os olhos fechados, deitada na penumbra, e deu-lhe um beijo. Clara abriu os olhos e deu um sorriso triste.

— Como foi hoje, meu amor? — Roberto perguntou.

Clara atirou-se nos braços de Roberto, chorando, enquanto dizia:

— Foi horrível! Eu assisti à minha morte, Roberto! Eu ia me sentindo sufocada... era como se milhares de facas fossem enfiadas no meu corpo! Eu engolia água, e, por fim, o vazio, a escuridão total.

— Clara, Clara... — Roberto acariciava os cabelos da esposa, preocupado. — Tem certeza de que quer continuar com essa loucura? Enquanto você era simplesmente uma filha de barões franceses, nada havia de mal, porém, agora a situação está se agravando! E se você ficar dividida entre a ilusão e a realidade?

— Mas, Roberto, aí é que está! Agora tudo se explica. Meu medo de altura, minha insegurança ao nadar, tudo isso faz sentido, não percebe?

Roberto ficou olhando para Clara, observando-a enquanto ela falava. Ele estava visivelmente preocupado. E se a esposa enlouquecesse? Essas "viagens ao passado" não estavam lhe fazendo bem, isso era notório! Clara, contudo, era uma mulher adulta, uma médica! Ele não poderia interferir caso ela quisesse continuar com aquelas sessões de terapia.

***

O tempo foi passando, e Clara, não obstante o susto daquela última consulta, continuou a ir regularmente às sessões de terapia. Roberto já estava quase acreditando naquelas histórias absurdamente reais, porque, da forma como a esposa contava, tudo realmente fazia sentido. Ela, aos poucos, foi se recordando do seu quase casamento com Pierre e descobriu que morara em Toulouse, o que explicava o fato de ter se sentido tão mal quando visitou a região. Lembrou-se também de sua fuga, do trabalho na taverna e do que aconteceu depois, quando se tornou Carolle, a dona da taverna e, posteriormente, do prostíbulo.

Quando retornou ao presente no dia em que se recordou de suas aventuras como *Mademoiselle* Carolle, Clara chegou a se sentir envergonhada perto do doutor César, mas ele a tranquilizou dizendo que naquela época ela era uma mulher que tinha outros valores e que não deveria se sentir envergonhada agora, pois, se estava vivendo nessa existência, era porque conquistara o mérito de poder reencarnar e reparar os erros do passado.

Nesse dia, enquanto voltava para casa, Clara lembrou-se daquele terapeuta do passado que lhe dissera que tanto ela quanto suas irmãs haviam sido prostitutas em outra existência. Ela lembrou-se também que, revoltada, jamais retornou àquele consultório. Agora, arrependia-se de não ter se aprofundado no assunto.

Com o passar do tempo, Clara foi se recordando de sua vida em Versailles e foi capaz de ver o ódio que as mulheres da corte sentiam por Carolle/Catherine. À medida que ia descobrindo seu passado, ficava curiosa em saber quem era quem nos dias atuais, pois estava claro que todos se reencontraram nessa existência. Mas... como saber? Clara procurou, então, seu amigo Paolo Rossi, pois ele certamente poderia ajudá-la novamente. Ela telefonou para o médico e perguntou-lhe se poderiam se encontrar. Ele não estava indo ao hospital naquela semana, porque sua esposa, grávida de sete meses, não estava se sentindo muito bem naqueles dias. Marcaram de almoçar juntos no dia seguinte.

Clara estava ansiosa para conversar com Paolo. Ao meio-dia em ponto, ela chegou ao restaurante onde haviam combinado de se encontrar. Paolo já estava à sua espera.

— Clara!

— Olá, Paolo! Não sabe como me sinto feliz em vê-lo!

— Não me diga que está sentindo minha falta no hospital — brincou o médico.

— Até que estou, sabe? Já me acostumei a trabalhar com você a quatro mãos, mas não é esse o problema — e Clara foi direto ao assunto, explicando o motivo pelo qual o havia procurado.

Paolo era estudioso da doutrina espírita e frequentava regularmente um centro em seu bairro. Após ouvir o relato de Clara, prometeu ajudá-la e procurar mais informações em seu centro na próxima reunião. Sem dúvida alguma, Clara tinha uma missão nesta existência, fosse para resgatar débitos daquele passado, fosse para terminar o que começara, enfim, ele procuraria saber.

Clara saiu do restaurante com a promessa de Paolo de que lhe traria informações dali a dois dias, pois sua reunião seria no dia seguinte.

Durante aqueles dois dias, Clara não conseguiu se concentrar em quase nada. Qual seria a informação que Paolo teria para lhe dar? Que missão teria nessa existência? Quem seria Bernard? E os outros? Bertrand, o barão, a baronesa, Susanne, todos os amantes que tivera no passado? Será que encontraria todos ou já os teria encontrado? Todas essas dúvidas martelavam na cabeça de Clara, enquanto ela aguardava ansiosa pelo próximo encontro com Paolo.

CAPÍTULO 18

O dia começou ensolarado, prometendo, com sua luz radiosa, o fim do mistério para Clara. Pelo menos foi o que ela sentiu ao abrir as janelas do quarto logo pela manhã. Clara mal conseguiu seguir a rotina normal do dia, tentando esconder um pouco o nervosismo. Paolo lhe telefonara, e eles combinaram de se encontrar para um chá mais tarde. O médico disse ter grandes surpresas para Clara.

Ao chegar o final da tarde, Clara saiu quase correndo do hospital para se encontrar com Paolo. Quando se sentou à mesa para esperar o amigo, as mãos da médica estavam frias, e ela mal conseguiu fazer o pedido. Seu coração deu um salto na garganta ao avistá-lo entrando na casa de chá. Paolo notou a reação de Clara e apressou o passo.

— Aposto como nem dormiu esperando chegar o dia de hoje, não foi, minha amiga?

— Paolo, você não imagina a angústia que senti durante esses dois dias! Conte-me! Vamos! Estou louca para saber.

— Bom, como lhe falei ao telefone, tenho grandes novidades. Essa não é a existência imediatamente posterior àquela que você viveu na França.

— Não?

— Não. Você teve uma breve existência aqui mesmo, nesta cidade, no século XX. Você nasceu precisamente no ano de 1942 e faleceu no ano em que sua mãe se casou. Depois, ficou por mais algum tempo no plano espiritual esperando o momento certo de reencarnar como Clara, filha de Eduardo e Sílvia.

— Você saberia me dizer como foi que "desencarnei" nessa última existência?

— Vítima de um acidente de trânsito.

Imediatamente, Clara lembrou-se das visões que tinha de si mesma morta, em meio aos destroços de um veículo.

— Você viveu de 1942 a 1960 e foi a melhor amiga de sua mãe, Sílvia. Pode perguntar a ela sobre uma grande amiga que ela teve e que faleceu justamente no dia do casamento dela.

— Agora, eu entendo a "saudade" que sinto da década de 1950 sem nunca ter tido nenhuma relação, pelo menos aparentemente, com essa época! Adoro as músicas desses anos, a moda, os penteados e até as revistas!

— Clara, você precisava ter tido essa breve existência, porque... — Paolo hesitou.

— Vamos, Paolo, continue! Por quê?

— Bem, Clara, não sei como você reagirá a esta notícia, mas, quando estudar mais profundamente a doutrina espírita, entenderá que isso é muito natural — Paolo disse com cautela. — A verdade é que você tinha de ter essa breve existência na década de 1950, porque era necessário que passasse pela prova de se apaixonar pelo doutor Eduardo Schneider e perdê-lo para Sílvia, sua melhor amiga.

— O quê?! — Clara estava estarrecida. — Eu tinha de me apaixonar pelo meu pai?!

— Veja bem, Clara, quando você era a melhor amiga de sua mãe, o doutor Eduardo não era seu pai, entende?

— Mais ou menos. Isso tudo é muito estranho para mim.

— Quando compreender melhor a doutrina, você entenderá, Clara. Por ora, basta que saiba que viveu por dezoito anos, aqui mesmo, nesta cidade, sob o nome de Ana Luísa. Você poderá confirmar essa história com sua mãe — terminou Paolo.

— Não estou duvidando de você, meu amigo, mas acho tudo isso muito esquisito. De qualquer forma, lhe agradeço imensamente, meu querido.

— O presidente do centro pediu-me para convidá-la a comparecer à nossa próxima reunião. Quem sabe assim descobrimos mais coisas acerca de seu passado?

— Mas é claro, Paolo! Eu adoraria!

— Aqui está o endereço — Paolo escreveu em um guardanapo o endereço do centro. — Espero por você na próxima segunda-feira, OK? Agora preciso ir. Levarei Patrícia para fazer mais uma ultrassonografia hoje. — E, levantando-se, deu um beijo no rosto de Clara e saiu.

Ela ficou alguns minutos sentada pensativamente. Depois de algum tempo, levantou-se e decidiu ir até a casa da mãe. Precisava saber quem era Ana Luísa.

***

— Clara! Que surpresa! — Sílvia recebeu a filha com um leve beijo na face.

— Estava passando aqui por perto e resolvi entrar para vê-la, mamãe — mentiu Clara.

— Sente-se aqui ao meu lado, minha filha, enquanto termino de escrever esses cartões. — Apesar de estar vivendo na era da informática, Sílvia gostava de enviar e receber cartões nas diversas datas comemorativas.

— Mamãe... — Clara aproveitou o fato de a mãe estar escrevendo cartões para as amigas e perguntou: — Você tem fotos de suas amigas quando eram solteiras?

— Tenho muitas, minha filha. Às vezes, fico olhando essas fotos e me recordando do passado.

— Posso vê-las? Tenho curiosidade de saber se elas mudaram muito com o passar dos anos.

Sílvia levantou-se e voltou trazendo uma caixa com tampa de madrepérola e recheada de fotografias antigas. Mãe e filha, então, começaram a olhar cada uma das fotos.

— Nossa, mamãe! Dá pra ver que essa aqui é a dona Marta! Como ela engordou! Nunca imaginei que ela fosse tão magrinha no passado.

— É verdade, filha. Marta realmente engordou muito, mas isso se deve ao problema de tireoide que ela tem há vários anos.

Clara reparou em um montinho de fotos que estava separado das demais e amarrado com uma fita azul. Quando o pegou, notou que Sílvia enxugou uma lágrima no canto dos olhos.

Clara olhou para a mãe num pedido mudo, e Sílvia assentiu em silêncio. Emocionada, Clara desfez o laço azul, pressentindo que, naquele montinho, veria Ana Luísa.

Havia inúmeras fotos de sua mãe ao lado de uma linda moça de cabelos pretos e olhos claros, que pareciam ser azuis. Naquela época, as fotos eram feitas em

171

preto e branco. Clara olhou para Sílvia e notou que ela chorava baixinho. Mesmo já sabendo quem era a moça da fotografia, perguntou:

— Quem é essa moça, mamãe? Nunca a vi antes.

Sílvia limpou o nariz delicadamente.

— Essa era a minha melhor amiga. Foi minha madrinha. Você não se lembra dela em meu álbum de casamento?

— É mesmo... agora me lembro. Mas por que nunca nos encontramos? Se ela era sua melhor amiga, deveria continuar sendo até hoje! Ela se mudou, por acaso? — Clara tentava disfarçar a emoção, afinal, estava vendo o retrato de quem *ela* fora havia quase cinquenta anos!

— Essa era Ana Luísa, Clarinha. — Mesmo esperando por essa confirmação, Clara levou um choque. — Ela faleceu, mas posso dizer que se mudou para uma estrela, porque ela era uma criatura encantadora.

Clara sentiu os olhos umedecerem ao ouvir a mãe falando com tanto carinho, sem o saber, dela mesma.

— Papai conheceu Ana Luísa, mamãe? Oh! Que bobagem, é claro que conheceu, pois ela foi sua madrinha!

— É verdade! Nós éramos inseparáveis, e seu pai gostava muito dela. Ela também era muito amiga dele! Diria que pareciam irmãos, pois se relacionavam tão bem!

Clara, então, chegou à conclusão de que sua mãe não sabia do amor de Ana Luísa por Eduardo. Ela ficou imaginando como a moça devia ter sofrido, amando em silêncio o noivo da melhor amiga. Um riso histérico ameaçou sair de sua boca. A "moça" em questão era ela mesma e estava imaginando o sofrimento que ela mesma sentira! "Tudo isso é muito esquisito!", Clara pensou, achando que estava quase enlouquecendo com aquela história! "Deus, que loucura!".

Depois de mais algum tempo, Clara despediu-se da mãe e foi embora pensativa. Estava sofrendo, pois imaginava a dor que se passara na alma de Ana Luísa. Aquele sorriso triste que aparecia em algumas fotos, mais precisamente nas fotos tiradas após o início do relacionamento de sua mãe e seu pai, tinha uma razão de ser.

Assim pensando, Clara chegou em casa. Passou pelos fundos para que ninguém a visse, pois queria ficar um pouco só e não estava com vontade de conversar.

Roberto estava achando sua esposa cada vez mais retraída. Ela quase não conversava, ficava por um longo tempo olhando para o nada, às vezes, com os olhos marejados. Definitivamente, essa não era a Clara que ele conhecia. Roberto, então, pensou em procurar o doutor César, mas desistiu. Pensou também em procurar o doutor Paolo, que, sabia, estava em contato permanente com Clara nos últimos dias, contudo, temia que ela pensasse que ele estava invadindo sua privacidade. Era a primeira vez que o juiz Roberto Belucci ficava sem ação. Desta vez, ele teria de confessar que não sabia como agir, porém, não podia simplesmente ficar de braços cruzados vendo Clara se afundar na tristeza. Situação estressante! Ele já não se lembrava mais como era rezar, caso contrário, faria uma oração pedindo a luz de Deus.

CAPÍTULO 19

Finalmente, chegou a noite de segunda-feira, em que Clara iria ao centro de seu amigo Paolo para saber um pouco mais sobre sua existência passada. Assim que chegou ao local da reunião, ela foi recebida por Paolo e pelo senhor Alfredo Pereira, presidente do Centro Espírita Maria de Nazaré. Eles apresentaram a Clara os demais membros da casa, inclusive dona Joselina, médium há vários anos e boníssima criatura.

— Prazer em conhecê-la, dona Joselina.

— O prazer é meu, minha filha. Sinta-se à vontade aqui.

— Muito obrigada!

Após os presentes se acomodarem em seus devidos lugares, a reunião começou com uma linda prece feita por Alfredo. Clara estava admirada, pois, desde criança, ouvia falar que "centro espírita era coisa do capeta" e, vendo aquelas pessoas tão bem intencionadas, fazendo uma oração singela e pura, arrependeu-se de todo prejulgamento que fizera no passado a respeito dos espíritas.

No meio da reunião, dona Joselina deu um profundo suspiro, e Clara olhou de lado a tempo de ver a boa senhora com a cabeça abaixada começar a falar:

— Meus queridos irmãos, boa noite. Eu sou o doutor Eduardo Schneider.

Clara levou um susto. Seu pai estava ali! Paolo segurou a mão da médica e olhou-a como que a lhe dizer "contenha-se". Ela, então, começou a chorar. Seu paizinho estava ali, e ela queria abraçá-lo, matar a saudade, dizer o quanto o amava, contudo, teria de ficar calada, ouvindo a tudo quieta!

— Clara, minha querida! Que bom saber que está buscando a verdade. Será muito bom que tome conhecimento do que é esperado de você nesta existência.

Clara continuava chorando baixinho.

— Foi-me permitido vir até aqui para esclarecer alguns pontos da vida de Clara para que ela possa definir com mais precisão seus passos e cumprir a missão a que se propôs. Devo dizer que até agora, Clara, você tem cumprido fielmente o que se espera de você. Passou por suas provas com louvor, e é por causa do seu empenho em cumprir seus propósitos que lhe foi dado o conhecimento de suas vidas passadas.

Eduardo continuou com sua fala pausada, contando a vida de Clara desde a Grécia, quando, no corpo de Cassandra, ela se uniu a Ilinus para envenenar Stratvos, com quem deveria ter tido uma vida em comum para ajudá-lo a vencer suas más inclinações. Contou também que, quando reencarnou como Catherine, ela deveria ter se casado com Pierre, que era a reencarnação de Stratvos, para poder terminar o que deixara inacabado na Grécia, ou seja, ajudá-lo a vencer suas más inclinações. Catherine e Bernard deveriam ter aceitado que não poderiam ficar juntos, assim, Ilinus devolveria Cassandra a Stratvos, e, depois disso, os dois ficariam livres para viver seu amor dali para frente.

Clara ouvia a tudo estupefata. "Então, era assim que deveria ter sido... O casamento de Catherine com Pierre seria uma espécie de redenção!", pensou. Infelizmente, Catherine e Bernard fizeram tudo errado. Ela errou ainda mais que Bernard ao fugir de Pierre e, depois, ao cometer todas aquelas loucuras.

Eduardo continuava falando. Chegara o momento de revelar quem era quem na existência atual. Clara estava gelada. Ela agora poderia ter certeza da identidade de seu amado Bernard!

Eduardo falou mansamente, dirigindo-se a ela:

— Clara, minha querida, muito me alegra poder estar aqui hoje para revelar-lhe informações importantes, que, certamente, a ajudarão sobremaneira.

Com os olhos fechados, Clara chorava. As lágrimas corriam soltas por suas faces e pingavam em suas mãos, que permaneciam imóveis sobre a mesa. Ela mantinha na mente a vívida lembrança de seu paizinho querido, enquanto ouvia aquela mensagem.

Eduardo prosseguiu:

— Quando estavam preparando sua reencarnação, muitos de seus amigos se prontificaram a reencarnar junto com você para ajudá-la a cumprir o que propusera. Algo que, todos sabiam, não seria muito fácil, pois você tinha duras provas a cumprir.

Clara escutava atenta o que o pai dizia. Era chegado o momento de saber quem eram Bernard e os outros.

— Clara, a baronesa Hélène que, já na França, estava mais ligada ao plano espiritual, aceitou recebê-la novamente como filha. Ela reencarnou como Sílvia, justamente para ser uma luz de alerta, orientando-a a seguir o caminho certo. Sua amiga Susanne é hoje sua filhinha Ana. Como você deve ter reparado, os laços que as unem são muito fortes, e não poderia deixar de ser assim, pois Ana foi sua confidente e melhor amiga no tempo em que você viveu como Catherine. Suas irmãs são as antigas companheiras de taverna, como bem alertou aquele terapeuta anos atrás.

Após uma pausa em que Clara suspendeu a respiração, Eduardo continuou:

— Seu grande amigo Bertrand, que foi seu fiel escudeiro no passado, é hoje seu filho Leonardo, que reencarnou ao seu lado para continuar protegendo-a com sua amizade eterna. Uma amizade que vem de muitos séculos. O pai dele, também chamado Bertrand, é seu irmão André, reencarnado ao lado da baronesa Hélène, seu antigo amor. Os dois ainda não podem viver plenamente esse sentimento, devendo, dessa forma, aprender um com o outro a ter um amor mais desprendido e generoso. Por esse motivo, eles vieram como mãe e filho na existência atual. Todos os ex-namorados que você teve e que foi obrigada a deixar para que ficassem ao lado de suas esposas foram seus antigos amantes, que largaram as esposas para correr atrás de você, quando ainda era *mademoiselle* Carolle. Nesta existência, rompendo o romance com cada um deles e sofrendo com essas perdas, você resgatou os débitos que acumulou na França quando roubou os maridos daquelas mulheres. Ao romper com eles, você devolveu a cada uma delas o que lhes roubou no passado. Você conseguiu cumprir essas provas e saiu vitoriosa.

Clara começou a entender por que nenhum de seus relacionamentos dera certo antes de seu casamento com

Roberto. Era preciso que ela sofresse o que cada uma daquelas mulheres sofreu no passado para resgatar seu débito. Agora, se sentia livre e sabia que estava no caminho certo. Então, Roberto seria Bernard? Havia reencontrado seu grande amor?

— Sei o que está pensando, Clara — continuou Eduardo. — Mas, não... nesta existência, você não pôde estar ao lado de Bernard como esposa e também não pôde se furtar de ajudar Pierre a se livrar das más inclinações.

"Será que Pierre é Roberto, então?", pensou Clara. "Não. Certamente, não." Ela tinha consciência de que seu relacionamento com Roberto era o melhor possível e de que ele não tinha nenhuma má inclinação que ela precisasse ajudar a vencer.

— Você recebeu Pierre como filho, Clara — falou Eduardo. — Nicholas é a reencarnação de Pierre.

Clara gelou. Nick! Seu querido Nick! Estava tudo explicado agora, desde as dificuldades que encontrava com a criação do filho, o gênio difícil do menino até a falta de aceitação de Roberto. Entendia agora por que sentia que ele estava "sugando" todas as suas forças e a dependência que Nick tinha dela. Tudo tinha uma explicação, mas... quem seria Bernard? Ele não havia reencarnado? Por suas contas, só faltava saber quem eram Bernard e o barão. Como Roberto não era Bernard, ele deveria ter sido o barão, assim pensava Clara.

— Certo, Clara — Eduardo respondeu aos seus pensamentos. — O Barão d'Auvernay veio para ajudá-la por não ter conseguido fazer isso quando foi seu pai na França.

Era verdade. Roberto ajudara Clara sobremaneira. Ele também estava cumprindo fielmente a missão a que se propôs, mas ainda faltava Bernard.

— Clara, Bernard não a desamparou. Ele ficou ao seu lado após desencarnar na França e tentou ajudá-la, mas não obteve sucesso. Bernard intercedeu por você, pedindo que fosse resgatada do umbral, quando você desencarnou como Catherine e, nesta existência, pediu permissão para reencarnar ao seu lado... — Eduardo fez uma pausa e continuou: — E obteve essa permissão.

O coração de Clara deu um salto.

— Clarinha, eu sou Bernard.

Clara sentiu-se desmaiar, e Eduardo continuou:

— Reencarnei como seu pai para orientá-la e ajudá-la a resgatar os enormes débitos contraídos por você. Uma de suas provas era se apaixonar por Eduardo e perdê-lo para Sílvia, por isso você reencarnou como Ana Luísa, em 1942. Essa prova também foi cumprida, e, mais uma vez, você saiu vitoriosa. Leonardo deveria nascer meses após meu desencarne para que você não se sentisse tão desamparada ao sofrer essa perda tão terrível. Foi a prova mais dura pela qual você passou, pois estava só, sem o apoio de seu pai, e ainda teve de tomar a difícil decisão de ter seu filho sendo solteira e enfrentar a sociedade ou optar pelo aborto, a solução mais fácil, mas que não lhe permitiria resgatar os inúmeros abortos que fizera no passado e tampouco traria seu amigo Bertrand para ajudá-la. Mais uma vez, você agiu acertadamente! Clarinha, estou orgulhoso de você, contudo, devo ir agora. Esteja certa de que estarei ao seu lado e de que não a abandonarei, como não abandonei durante todos esses séculos. Siga seu caminho em paz, continue sua caminhada evolutiva e ajude Nick, pois há muitos séculos ele precisa de sua ajuda. Dê valor à amizade de Leo e de Ana e seja sempre grata a Roberto e à sua mãe. Ame a todos e procure ajudá-los em todas as situações. Faça de sua profissão um motivo a mais para ajudar as pessoas, principalmente os pobres e desamparados. Adeus, Clarinha! E lembre-se de que sempre estarei ao seu lado.

 Dona Joselina soltou um suspiro profundo e abriu os olhos devagarinho. Ela estava muito cansada, pois Eduardo permanecera muito tempo com ela. Paolo lhe disse que depois lhe contaria o que havia acontecido, mas que primeiro iria cuidar de Clara, que chorava inconsolável. Ele buscou um copo de água e entregou-o à amiga, que bebeu devagar, tendo os olhos vermelhos de tanto chorar.

 Ao saírem da reunião, Clara estava muito calada. Paolo ofereceu-se para acompanhá-la até a casa, mas ela recusou. Precisava pensar um pouco. Agora estava explicado por que se apaixonara tantas vezes sem sucesso, embora sempre desejasse ter tido um único e grande amor. Também estava explicado por que seu pai era muito mais ligado a ela do que aos outros filhos. Estava explicado por que sentia um enorme vazio desde a morte do pai. Tudo se encaixava agora. Até a grande afinidade entre seu irmão André e sua mãe. Jamais poderia revelar a eles algo sobre o passado, pois não aceitariam.

 E agora que sabia a verdade, como seria? Clara sentia que sua responsabilidade aumentara, principalmente em relação a Nick. Ela lembrou-se de como fora difícil aceitar a terceira gravidez. A depressão, o desespero... estaria ela intuindo que seria uma de suas maiores provações? E Nick? Saberia, ou melhor, intuiria isso? "Deus, como está sendo difícil tudo isso!", pensava. Roberto jamais poderia saber que Eduardo era Bernard. Ele não aguentaria, pois a amava muito. Nick, que já a absorvia todo o tempo e quase todos os seus pensamentos, passaria a ser ainda mais o centro de suas atenções. Disso ela tinha certeza, pois agora tinha consciência da enorme dívida que conservava com ele. Isso, provavelmente, geraria ciúmes em Leo e Ana, que não conseguiriam aceitar tamanho desvelo da parte de sua mãe para Nick. Como, então, equilibrar toda essa situação, sem gerar mais animosidade? Como agir para conseguir fazer Nick vencer suas más inclinações sem negligenciar Ana e Leo? E, pior, como amar Roberto com a devoção que ele merecia, sabendo que seu coração pertenceria eternamente a Bernard?

Todos esses problemas estavam apenas começando, e Clara teria de tentar resolvê-los da melhor maneira possível, magoando o menor número de pessoas. Conseguiria levar adiante sua missão? Ela sabia que somente a esperança de reencontrar Bernard, o grande amor de sua vida, lhe daria forças para cumprir sua tarefa, principalmente no que dizia respeito a Nick. Esse amor, acalentado e escondido, seria sua maior força, seu pilar, junto com a certeza de que Bernard estaria velando por ela.

Dirigindo devagar, ela chegou em casa e encontrou Roberto e os filhos à sua espera.

— Então, Clara, desvendou o passado? — Roberto parecia ansioso, embora tentasse disfarçar.

Clara pensou rapidamente. Não via necessidade de magoar Roberto. Então, chegou perto do marido, deu-lhe um beijo terno e respondeu:

— Sim, finalmente descobri quem foram todos vocês no meu passado.

As crianças gritaram, eufóricas, e Clara continuou:

— Leo, você e Ana foram os meus melhores amigos — disse, abraçando-os. — Estiveram ao meu lado me amparando em todas as situações. — Clara não via necessidade de dizer que eles haviam sido apaixonados em outra existência, nem que reencarnaram para continuar amparando-a, pois isso só complicaria a cabecinha deles e daria uma missão quase impossível a dois adolescentes, que se veriam dali em diante "pais" da própria mãe.

Clara olhou para Roberto e viu que ele estava tenso:

— Você, meu querido, foi meu grande amor, Bernard. — Clara sorriu intimamente ao ver os olhos de Roberto brilharem de alegria. Não via pecado naquela mentirinha. Ninguém precisaria saber a verdade, pois ela faria sofrer muitas pessoas que nunca haviam estudado a doutrina espírita. Ela viu que agira acertadamente quando Roberto a tomou nos braços e rodopiou com a esposa pela sala.

— E eu mamãe? Não fui ninguém? — A vozinha infantil de Nick veio tirá-la dos braços de Roberto.

Clara abraçou o filho com todo o amor que sentia dentro de si e disse:

— Você, meu amor, foi uma pessoa muito, muito especial em minha vida. Tão especial que me acompanha há muito mais tempo que qualquer outra pessoa aqui nesta casa.

Nick pegou o rosto da mãe e deu-lhe um beijo molhado, cheio de felicidade. Clara, mais uma vez, tomara a decisão certa ao omitir o verdadeiro motivo de Nick ser seu filho. Agora, precisaria ter forças para guiá-lo e conduzi-lo a um caminho de luz e de plena evolução, como deveria ter feito na Grécia e na França, pois essa poderia ser sua última chance. Dessa vez, não poderia falhar.

Naquela noite, todos foram dormir em paz. Clara sentia que havia feito o melhor. Ela continuaria a jornada na Terra ao lado das pessoas que lhe eram caras e faria tudo para que sua família fosse feliz e harmoniosa.

Feliz, Bernard observava Clara adormecida. "Mais uma vez, ela agiu acertadamente. Ele orgulhava-se cada vez mais dela, pois sabia que seus esforços não estavam sendo em vão e que ela estava subindo cada vez mais alto na escala evolutiva.

Depois de lançar um último olhar para Clara, Bernard volitou rumo ao infinito, deixando atrás de si um rastro iluminado.

FIM

GRANDES SUCESSOS DE
ZIBIA GASPARETTO

Com 18 milhões de títulos vendidos, a autora tem contribuído para o fortalecimento da literatura espiritualista no mercado editorial e para a popularização da espiritualidade. Conheça os sucessos da escritora.

Romances
pelo espírito Lucius

A verdade de cada um
A vida sabe o que faz
Ela confiou na vida
Entre o amor e a guerra
Esmeralda
Espinhos do tempo
Laços eternos
Nada é por acaso
Ninguém é de ninguém
O advogado de Deus
O amanhã a Deus pertence
O amor venceu
O encontro inesperado
O fio do destino
O poder da escolha
O matuto
O morro das ilusões
Onde está Teresa?
Pelas portas do coração
Quando a vida escolhe
Quando chega a hora
Quando é preciso voltar
Se abrindo pra vida
Sem medo de viver
Só o amor consegue
Somos todos inocentes
Tudo tem seu preço
Tudo valeu a pena
Um amor de verdade
Vencendo o passado

Crônicas

A hora é agora!
Bate-papo com o Além
Contos do dia a dia
Conversando Contigo!
Pare de sofrer
Pedaços do cotidiano
O mundo em que eu vivo
Voltas que a vida dá
Você sempre ganha!

Coletânea

Eu comigo!
Recados de Zibia Gasparetto
Reflexões diárias

Desenvolvimento pessoal

Em busca de respostas
Grandes frases
O poder da vida
Vá em frente!

Fatos e estudos

Eles continuam entre nós vol. 1
Eles continuam entre nós vol. 2

Sucessos
Editora Vida & Consciência

Amadeu Ribeiro

A herança
A visita da verdade
Juntos na eternidade
O amor não tem limites
O amor nunca diz adeus

O preço da conquista
Reencontros
Segredos que a vida oculta vol.1
A beleza e seus mistérios vol.2
Amores escondidos vol. 3

Ana Cristina Vargas
pelos espíritos Layla e José Antônio

A morte é uma farsa
Almas de aço
Em busca de uma nova vida
Em tempos de liberdade
Encontrando a paz
Escravo da ilusão

Ídolos de barro
Intensa como o mar
Loucuras da alma
O bispo
O quarto crescente
Sinfonia da alma

Carlos Torres

A mão amiga
Passageiros da eternidade
Querido Joseph (pelos espírito Jon)
Uma razão para viver

Cristina Cimminiello

A voz do coração (pelo espírito Lauro)
As joias de Rovena (pelo espírito Amira)
O segredo do anjo de pedra (pelo espírito Amadeu)

Eduardo França
A escolha
A força do perdão
Do fundo do coração
Enfim, a felicidade
Vestindo a verdade
Vidas entrelaçadas

Evaldo Ribeiro
Aprendendo a receber
O amor abre todas as portas (pelo espírito Maruna Martins)

Floriano Serra
A grande mudança
A outra face
Amar é para sempre
Ninguém tira o que é seu
Nunca é tarde
O mistério do reencontro
Quando menos se espera...

Gilvanize Balbino
De volta pra vida (pelo espírito Saul)
Horizonte das cotovias (pelo espírito Ferdinando)
O homem que viveu demais (pelo espírito Pedro)
O símbolo da vida (pelos espíritos Ferdinando e Bernard)
Salmos de redenção (pelo espírito Ferdinando)

Jeaney Calabria
Uma nova chance (pelo espírito Benedito)

Juliano Fagundes
O símbolo da felicidade (pelo espírito Aires)
Nos bastidores da alma (pelo espírito Célia)

Lucimara Gallicia
pelo espírito Moacyr

O que faço de mim?
Sem medo do amanhã

Marcelo Cezar
pelo espírito Marco Aurélio

Acorde pra vida!
A última chance
A vida sempre vence
Coragem para viver
Ela só queria casar...
Medo de amar
Nada é como parece
Nunca estamos sós
O amor é para os fortes
O preço da paz
O próximo passo
O que importa é o amor
Para sempre comigo
Só Deus sabe
Treze almas
Tudo tem um porquê
Um sopro de ternura
Você faz o amanhã

Márcio Fiorillo
pelo espírito Madalena

Lições do coração
Nas esquinas da vida

Maura de Albanesi
pelo espírito Joseph

O guardião do Sétimo Portal
Coleção Tô a fim

Maurício de Castro

Caminhos cruzados (pelo espírito Hermes)

Meire Campezzi Marques
pelo espírito Thomas

A felicidade é uma escolha
Cada um é o que é
Na vida ninguém perde
Uma promessa além da vida

Mônica de Castro
pelo espírito Leonel

- A força do destino
- A atriz
- Apesar de tudo...
- Até que a vida os separe
- Com o amor não se brinca
- De bem com a vida
- De frente com a verdade
- De todo o meu ser
- Desejo – Até onde ele pode te levar? (pelos espíritos Daniela e Leonel)
- Gêmeas
- Giselle – A amante do inquisidor
- Greta
- Impulsos do coração
- Jurema das matas
- Lembranças que o vento traz
- O preço de ser diferente
- Segredos da alma
- Sentindo na própria pele
- Só por amor
- Uma história de ontem
- Virando o jogo

Rose Elizabeth Mello

- Como esquecer
- Desafiando o destino
- Livres para recomeçar
- Os amores de uma vida
- Verdadeiros Laços

Sérgio Chimatti
pelo espírito Anele

- Lado a lado
- Os protegidos
- Um amor de quatro patas

Thiago Trindade

- As portas do tempo (pelo espírito Joaquim)

Conheça mais sobre espiritualidade com outros sucessos.

 vidaeconsciencia.com.br    /vidaeconsciencia    @vidaeconsciencia

ZIBIA GASPARETTO

Eu comigo!

"Toda forma de arte é expressão da alma."

Zibia Gasparetto convida você a mergulhar no seu mundo interior. Deixe os problemas de lado, esqueça o negativismo e libere o estresse do dia a dia. Passeie por entre as figuras, inspire-se com cada mensagem e coloque cor em seu mundo. Use suas tonalidades preferidas, libere o potencial criativo que existe dentro de você.

Eu comigo! é um livro para quem quer fugir da rotina e buscar aquela sensação de paz que a arte pode proporcionar. Inspire sua alma com as frases de Zibia Gasparetto criadas especialmente para você e ricamente ilustradas com desenhos encantadores.

Bem-vindo ao seu mundo interior.

www.vidaeconsciencia.com.br

Rua Agostinho Gomes, 2.312 — SP
55 11 3577-3200

contato@vidaeconsciencia.com.br
www.vidaeconsciencia.com.br